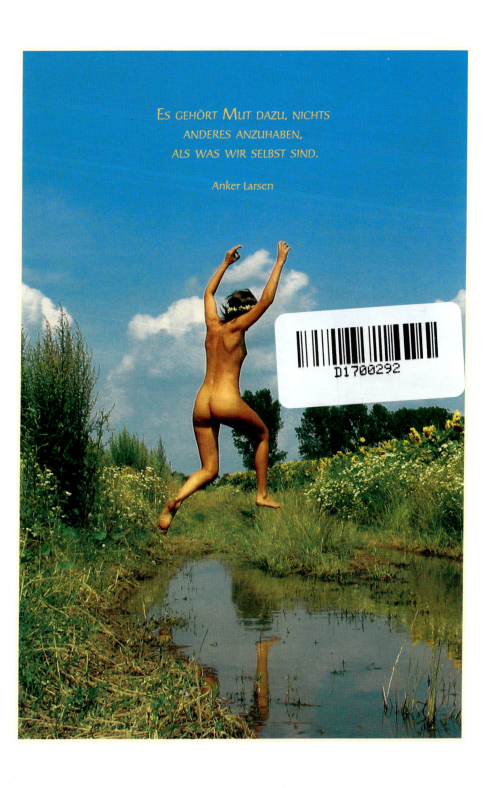

CIP-Einheitsaufnahme der Deutschen Bibliothek

Anita & Wolfgang Gramer
Das NacktAktivBuch
Wolfgang Gramer mYm-Verlag Berlin 2005
ISBN 3-937502-04-1

Alle Rechte, auch die des auszugsweisen Abdrucks
oder der Reproduktion einer Abbildung, sind vorbehalten.
Das Werk einschließlich aller seiner Teile ist urheberrechtlich geschützt.
Jede Verwertung ohne Zustimmung des Verlages ist unzulässig. Dies gilt
insbesondere für Vervielfältigungen, Übersetzungen, Mikroverfilmungen
und die Einspeicherung und Verarbeitung in elektronischen Systemen.

Copyright mYm-Verlag Berlin 2005
Sie finden uns im Internet unter
www.nacktiv.de und www.mym-buch.de

Druck und Bindung Finidr, s.r.o.
Umschlaggestaltung und Layout Harry Krause Berlin

Anita & Wolfgang Gramer

# 1, 2, frei!
# Das
# NacktAktivBuch

edition integral nacktiv
Band 1

mit 138 Abbildungen

mYm

# Inhalt

## Vorwort: Wird Nacktsein gesellschaftsfähig? 9

## Heimlich nackt – unheimlich nackt – integral nackt

1.1. Nackte im Anmarsch! — 11
1.2. Nackt zu allen Zeiten — 17
– über den Ursprung des modernen Nacktivismus
1.3. »Wer das Nacktsein verbietet, der verbietet das Menschsein« — 21
– Klaus Hartmann über seine unheimlich nackte Lebenshaltung und das Prinzip der »sanften Konfrontation«
1.4. Nackt für Nackt — 26
– ein Sexualtherapeut fordert das nackte Menschenrecht

## Indoor-nacktiv

2.1. »Mich macht es wesentlich sinnlicher, wenn ich nichts anhabe...« — 28
– wenn Hausarbeit zum Erlebnis für die Sinne wird
2.2. »Von meinen Eltern hab ich das nicht...« — 30
– ein Streaker berichtet über seine Kindheitserlebnisse
2.3. Nacktempfang für die Zeugen Jehovas — 33
– Burgschauspieler Karl Pfeiffer wuchert mit seinen Pfunden
2.4. Jenny und Julie go nekkid — 34
– Warum der Postmann künftig zweimal klingelt

# OUTDOOR-NACKTIV

**3**

3.1. NACKT DAS HAUS ABGEPUTZT    36
   – DA MACHT DIE ARBEIT RICHTIG SPASS
3.2. BÜRGERINITIATIVE WALD-FKK ODER    40
   DIE PERVERSION DER SCHAM
3.3. NACKT-MENÜ BEI MC DONALDS UND    48
   ABFAHRTSKI NACKT
3.4. DEN HEIDELBERGER WALD NACKTIV    52
   VERUNSICHERT
   – NACKTJOGGER ÜBER IHRE ERFAHRUNGEN

# NACKT WANDERN

**4**

4.1. WER NACKT IN FREUDEN WANDERN WILL    58
   – GOETHE, NAPOLEON UND HESSE WAREN
   NACKTWANDERER
4.2. VON EINEM, DER (SICH) AUSZOG, DAS    68
   FÜRCHTEN ZU VERLERNEN
   – DER BRITISCHE NACKTWANDERER STEVE GOUGH
4.3. VIERUNDDREISSIG NACKTE TANZEN AUF DEM    76
   VULKAN
   – EINE »GROSSVERANSTALTUNG« IN DER EIFEL

# NACKT RADELN

**5**

5.1. »WIR WOLLEN NUR GENIESSEN«    88
   – WARUM T-INSCHINIERINNEN NACKT RADELN
5.2. NACKTRADEL-TOM    94
   – EIN ANFÄNGER »ENTFALTET« SICH
5.3. »ICH BIN JA STETS GANZ ICH SELBST«    106
   – RAINER NACKICH UND SEINE KLEINE PHILOSOPHIE
   DES NACKTRADELNS
5.4. NACKTIV INTERNATIONAL    112
   – WORLD NAKED BIKE RIDE (WNBR)

# Nackt reiten

**6**

| | | |
|---|---|---|
| 6.1. | Nacktsein und Reiten | 116 |
| | – Ein Biologe über die Kombination von zwei Urerfahrungen | |
| 6.2. | Sinnliches Erlebnis mit therapeutischem Potenzial | 124 |
| 6.3. | »Piekt das nicht?« | 128 |
| | – Nacktreiten praktisch angegangen | |

# Nackt in der Stadt

**7**

| | | |
|---|---|---|
| 7.1. | Streaking | 144 |
| | – Kick oder ernstes Anliegen? | |
| 7.2. | Nacktdemo Berlin 2001 | 150 |
| | – Ein Phänomen nackter Selbsterfahrung | |
| 7.3. | Nackt besucht »Nackt« | 154 |
| | - über eine Hamburger Ausstellung und den Heuchlerischen Umgang mit dem Nacktsein | |
| 7.4. | Nackte Männer - nackte Frauen | 158 |
| | - Die Relativität des Nacktseins | |
| 7.5. | Barcelona Nackt | 160 |
| | – nackte Vorreiter im Galopp | |

# Warum nackt? 166

# Nackte Kontakte 170

Bücher
über ursprüngliche
Lebensgestaltung
jenseits der
Gleichförmigkeit mit
dieser Welt.

mYm

# Vorwort

## Wird Nacktsein gesellschaftsfähig?

Wird Nacktsein gesellschaftsfähig? Die Bewegung der Nackten ist in der Geschichte in eine neue Dimension eingetreten. Die Nackten outen sich. FKK ist out und wird hinter die Zäune und Bretterwände des 19. und 20. Jahrhunderts verwiesen.

Im 21. Jahrhundert gehen Nackte in die Öffentlichkeit. Sie suchen sie nicht, aber sie vermeiden sie auch nicht mehr. In einer mehr oder weniger »sanften Konfrontation« werden die Bürger, die Ordnungskräfte und die Gerichte mit nackten Tatsachen konfrontiert. Die Medien berichten ironisierend, jedoch zunehmend ernsthafter.

In Bayern tut man sich noch schwer mit Nacktradlern und man würde sie am liebsten über die hessische Grenze abschieben. In der Eifel wurden schon Nacktwanderer in der Größenordnung von 3 Fußballmannschaften gesichtet und in England bereitet der bekannteste Einzelkämpfer für öffentliches Nacktsein seine zweite nackte Englanddurchquerung vor. Im einst prüden Spanien treten Nacktradler bereits in Hundertschaften auf und der Bürgermeister und die Stadtverwaltung von Barcelona bestätigen ein Menschenrecht auf Nacktsein auch mitten in der katalanischen Hauptstadt.

Kiddies machen nackte Mutproben auf dem Fahrrad und nackte Evas stehen am Sparkassenschalter. Und wenn der Freiburger Sexualtherapeut Dr. Peter Niehenke nackt im Warenhaus einkauft, dann grölt der kleine Steppke an der Hand seiner Mutter: »Wenn ich groß bin, dann mach ich das auch!«

Nackte in Wanderstiefeln, auf Fahrrädern und zu Pferd werden nicht nur in Europa, sondern auch in den USA, Kanada, Australien und Neuseeland gesichtet. International wird der Welt-Nackt-Radel-Tag ausgerufen, an dem sich Nackte aus fast 20 Nationen beteiligen. Und aus Los Angeles kommt ein neuer Trend, Cardio-Strip: Nackt im Fitnessclubs trainieren, um die eigene Sinnlichkeit und die der Zuschauer auf Trab zu bringen.

Allerdings steckt Nordamerika mehr oder weniger hilflos im Sumpf seines puritanischen Erbes, und nackt bedeutet für US-Amerikaner noch lange nicht wirklich nackt sein. Vielleicht eine Chance für Europa, die USA links zu überholen und einen Meilenstein für eine neue Freiheit zu setzen, die über das bloße Nacktsein weit hinausgeht und mit Begriffen wie Authentizität, Wahrhaftigkeit und Toleranz gekoppelt ist?

Wir berichten über die neuen nackten Trends in unserer Edition »Integral nacktiv«. Nacktive Menschen braten nicht nackt in der Sonne, sondern bewegen sich nackt, treiben nackt Sport usw. Integral Nacktive verstecken oder verheimlichen ihren Körper nicht, sondern integrieren ihr Nacktsein so weit wie möglich in ihren Alltag, sie sind »wahrhaftig« nackt. »Nackt« wird im dichterischen Sprachgebrauch oft als Synonym für wahrhaftig, rein und ungekünstelt gebraucht. Integral nacktiv ist ein Lebensstil und eine Weltanschauung. Es ist ein Ausdruck von Körper, Geist und Seele im eigenen Bewusstsein, in der Natur und in der Gesellschaft.

Wir stellen das erste Buch unserer »edition integral nacktiv« vor.

# 1. Heimlich nackt – unheimlich nackt – integral nackt

## 1.1.
## Nackte im Anmarsch!

Wenn Nackte nicht mehr heimlich nackt, sondern »unheimlich« nackt sind, dann ist das vielen unheimlich.

So berichtete am 24. August 2004 das Main-Echo in einer kurzen Notiz über nackte Radfahrer in der Gemeinde Alzenau. Mit »nackten Tatsachen« würde die dortige Polizei in der letzten Zeit vermehrt konfrontiert. Eine Gruppe im benachbarten Hessen organisiere über das Internet Nacktouren mit dem Fahrrad, so vermuteten die Beamten. Schon einige Wochen zuvor hatten sich Anrufer über zwei nackte Radfahrer

beschwert, die wahrscheinlich auf einer Art Vorerkundung gewesen seien, so die Polizei, die aber »nicht erwischt werden konnten«. Am vergangenen Sonntag sei nunmehr eine achtköpfige Radfahrergruppe - Frauen und Männer - in Evas- und Adamskostüm auf dem Radweg an der Kahl unterwegs gewesen - aus Richtung Hanau-Thalheim kommend nach Kahlgrund.

Nachdem am Nachmittag Anrufe empörter Bürger eingegangen waren, die sich über den »unästhetischen Anblick der Radler« beschwert hatten, wurde der Nacktradlertross von einer Polizeistreife angehalten. Eine Weiterfahrt wurde den Nacktausflüglern nur in »leicht bekleideter Ausrüstung« gestattet. Die Radler - nach Angaben der Polizei handelte es sich fast ausnahmslos um Lehrer und Akademiker, die sich auf einer »Spessarttour« befanden - müssten sich nach Angaben der Zeitung nun wegen Erregung öffentlichen Ärgernisses verantworten.

Die bayerischen Beamten aus Alzenau vermuten eine Gruppe im benachbarten Hessen als Verursacher dieser Misshelligkeiten, vermuten also grenzüberschreitende Kräfte, die hier am Werk sind und sie mit nackten Tatsachen konfrontieren. Und damit liegen sie gar nicht so falsch. Hier werden Grenzen in jeder Hinsicht überschritten, Grenzen in den Köpfen der Menschen sowie regionale, nationale und internationale Grenzen. Denn die Nachrichten von nackten Grenzüberschreitern häufen sich inzwischen derart, dass man den Eindruck bekommen könnte, eine internationale Mafia der Nackten habe ihre nackte Vorhut auf Vorerkundung nicht nur nach Alzenau geschickt. Da durchquert ein Engländer nur mit Schuhen und Rucksack ausgestattet ganz Großbritannien von Süd nach Nord, aus Neuseeland, Australien, Alaska und Südamerika erreichen uns Meldungen von Nacktjoggern, Nacktkeglern, Nackt-

> »Nicht das Bild einer nackten Frau, die ihre Schamhaare entblößt, ist obszön, sondern das eines Generals im vollen Wichs, der seine in einem Aggressionskrieg verdienten Orden zur Schau stellt.«
> Herbert Marcuse

fallschirmspringern, Nacktradlern und Bügelparties, auf denen man seine gesamte Kleidung auf einen Bügel hängt und dann – ans Buffet geht und sich bedient. In Spanien fordern Nackte in U-Bahnen, auf Rädern und zu Fuß ihr Menschenrecht auf Nacktsein auch mitten in der Stadt.

Und in Deutschland? Beschweren sich nur die Bürger von Alzenau über den »unästhetischen Anblick« von Nackten? Gibt es anderswo auch Nackte und sich beschwerende Alzenauer? In dem gar nicht so freien Freiburg haben die dortigen Beamten dem Nacktiven und promovierten Sexualtherapeuten Peter Niehenke den Krieg erklärt, weil er nur mit Schuhen bekleidet in der freien Umgebung Freiburgs nackt joggt. Die Tour wollten sie ihm durch Bußgelder vermasseln.

Im Wald könnten sich bekleidete SpaziergängerInnen beim Anblick eines nackten Joggers erschrecken, so die Argumentation der Beamten, und das hat Dr. Niehenke denn auch gleich eingesehen. Denn in jedem nackten Jogger vermutet jede meinungsgeBILDete junge oder auch mittelalterliche Dame einen potentiellen Vergewaltiger. Und der einsichtige Doktor joggt deshalb jetzt ganz brav auf dem Lorettoberg in Freiburg, denn dort kommt niemand auf die Idee, dass er eine Nachbarin vergewaltigen will. Im Gegenteil, dort bekommt er schon mal Begleitschutz von alten Damen, die demonstrativ sein nacktes Anliegen unterstützen und ihn vor den Angriffen der Polizei auf seine Brieftasche schützen wollen.

Denn eine fortgeschrittene Einsicht vermag die Freiburger Polizei bei Niehenke nicht festzustellen und verbietet ihm weiterhin seine unbekleidete Demonstration für das Nackt-Menschen-Recht. Aber

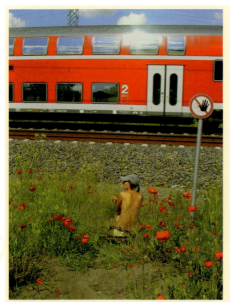

wenn er sich dann, um der Forderung nach einem Mindestmaß an Bedeckung zu genügen, ein Damensöckchen überstreift und sich in der Bekleidungsabteilung eines Warenhauses tummelt, dann sind die Ordnungshüter ebenso fassungslos wie beim Anblick seiner (fast) nackten Freundin Klaudia, die nur mit einem kleinen Papierstückchen vor den Schamhaaren am örtlichen Sparkassenschalter steht.

Aber wir möchten weder den Alzenauern noch den Freiburger Bürgern Unrecht tun, noch deren Polizeikräften. Die sich beschweren, sind allerdings in der Minderheit. Nackte beiderlei Geschlechts in der Öffentlichkeit sind heute nur noch für wenige ein Schock. Es ist zwar ein Verstoß gegen die seit Jahrhunderten eingeübten und anerzogenen Bekleidungsvorschriften und Moralvorstellungen, aber die Mehrheit nimmt diesen Verstoß hin, ist überrascht, belustigt oder uninteressiert - oder tut nur so!?

Und zur Beruhigung der sich beschwerenden Alzenauer und der Freiburger Bürger sei gesagt: Auch außerhalb Bayerns und Baden-Württembergs gibt es Menschen, für die nackte oder sogar »halbnackte« Menschen ein Gräuel sind. So zum Beispiel in Manila. Dort droht Männern mit nacktem Oberkörper ein Bußgeld von umgerechnet acht Euro. Der Anblick halbnackter Männer sei ein Zeichen für den »Verfall moralischer und kultureller Werte«.

Von einem Verbot nackter weiblicher Oberkörper ist hier nicht die Rede. Aber etwas zu verbieten, was in einer Gesellschaft sowieso außerhalb des Denkbaren liegt, erübrigt sich offensichtlich. Vielleicht gibt es deshalb auch in Deutschland kein ausdrückliches Verbot, nackt mit dem Rad zu fahren oder nackt in der Stadt herumzulaufen, weil keine(r) bisher auf die Idee gekommen ist, außer zum Beispiel im Münchener Englischen Garten. Dort hat man sich seitens der Behörden jahrelang dagegen gewehrt, dann daran gewöhnt, und heute beklagt man den Rückzug der Nackten. Eine touristische Attraktion weniger für Besucher aus nackt-defizitären Ländern in der bayerischen Hauptstadt, beklagt ein zuständiger Beamter, aber »wir können die Leute ja nicht zwingen, sich auszuziehen.«

Haben die Nackten kapituliert? Haben sie die Lust am Nacktsein verloren und sich wieder züchtig bedeckt? Auch FKK-Vereine klagen über Mitgliederschwund und Überalterung. Ist die Jugend prüde geworden? Oder findet sie es einfach langweilig, nackt im Gras zu liegen? Wo sind die Nackten geblieben? Diesen Fragen wollen wir in diesem Buch nachgehen und einen neuen Trend aufzeigen: FKK ist out, Nacktivismus ist in.

Noch gibt sich insbesondere die männliche Jugend prüde, aber bei den Mädchen werden die Strings immer kleiner und die Jeans rutschen immer weiter nach unten. Auch wenn gerade das zweite Höschen über dem String mega-in ist, der Umschwung zu mehr Nacktsein steht offensichtlich auch bei der Jugend unmittelbar bevor. Nackte Radfahrer sind cool und cool streckt man den Arm mit hochgehaltenem Daumen aus dem Wagenfenster, wenn man nackte Wanderer sieht.

Was sind das für Menschen, die sich nackt in der Öffentlichkeit präsentieren? Exhibitionisten? Abenteurer, die einen neuen Kick suchen? Eine Abart der Flitzer aus den 80ern? Ausgeflippte oder Trendsetter? Welche Beweggründe stehen hinter solchen Aktionen? Handelt es sich um eine kurzlebige pikante Zeiterscheinung, die bald wieder vergessen sein wird, oder sind hier Kräfte am Werk, die bewusst oder unbewusst den Menschen zu einer Revolution im Denken und in der Erziehung führen? Kommen hier lang gehegte und lang unterdrückte Wünsche ans Tageslicht, wo Menschen sich zum ersten Mal in der modernen Geschichte trauen, diese auch zu leben? Oliver König formuliert zum Beispiel in seiner Dissertation »Nacktheit. Soziale Normierung und Moral« sein Erstaunen darüber, dass die Soziologie ein solches Thema wie die Nacktheit bislang höchstens »so nebenbei« angesprochen hat. Eine wissenschaftliche Theorie zum Nacktsein fehlt fast völlig und es bietet sich hier ein weites Feld für entsprechende Untersuchungen an. Wir möchten an dieser Stelle lediglich einige Gesichtspunkte aufgreifen, die vielleicht zum Theoretisieren anregen, ansonsten möchten wir diese Bewegung nur vorstellen und versuchen, die Ernsthaftigkeit der Absicht dieser Menschen unseren Lesern nahe zu bringen.

Wie aus unserer einleitend zitierten Pressenotiz hervorgeht, waren die Alzenauer Nacktradler durchweg Lehrer und Akademiker. Unsere Recherchen haben bestätigt, dass der Bildungsgrad der Nackt-RadlerInnen und Nackt-WanderIn-

> »Ich habe eine nie ermüdende Verehrung für die Würde der Nacktheit.«
> Pablo Picasso

nen überdurchschnittlich ist, dass sich darunter viele Angehörige aus Hochschule und Wissenschaft befinden, Promovierte, angesehene und hochbezahlte MitarbeiterInnen von Forschungsunternehmen, Apotheker, Ärzte und selbständige Unternehmer, Historiker und »Eiti-Inschiniere«. Und solche Menschen ziehen sich einfach nackt aus und setzen sich dem Stress polizeilicher Anhörungen, Anzeigen und Bußgelder sowie der Möglichkeit beruflicher Schwierigkeiten aus!

Wir möchten in diesem Buch die Bemühungen einzelner Aktivisten und Gruppen aus der Szene der Nacktiven, aber auch einiger anonym bleiben wollender Sympathisanten darstellen. Dafür haben wir Berichte im Fernsehen ausgewertet, im Internet recherchiert, mit den Nacktivisten Kontakt aufgenommen, selbst an organisierten Veranstaltungen teilgenommen und Erfahrungen gesammelt durch verschiedene Aktionen. Dabei haben wir die Bekanntschaft vieler interessanter Menschen gemacht und Freundschaften geschlossen, die wir heute nicht mehr missen möchten. Wir sind zu der Überzeugung gelangt, dass in der Bewegung des Nacktivismus ein großes Potenzial steckt und möchten der Mehrheit der Angezogenen diese Bewegung vorstellen und Verständnis für ihre Motive wecken, die für viele zunächst sicher nicht unmittelbar nachvollziehbar sind.

»Oh, ist das herrlich.
Eins von den Dingen, nach
denen ich am meisten Sehnsucht
habe – mein Leben zu verbringen, ohne
jemals irgendeine Art von Kleidung anlegen zu müssen. Wenn ich das machen könnte,
dann hätte ich das Gefühl, gelebt zu haben ...
ich stelle es mir wunderbar vor. Ich bin sicher, das
Leben würde ganz anders sein – völlig anders, und
einfach wunderbar ... man könnte die Dinge fühlen,
anstatt sie immer nur zu sehen. Ich würde fühlen, wie
die Luft über mich streicht, und die Dinge fühlen, die
ich berühre, anstatt sie nur betrachten zu können.
Ich bin sicher, das ganze Leben ist ganz verkehrt,
weil man immer nur sieht – wir können nicht
mehr hören, nicht mehr fühlen und begreifen, wir können nur noch sehen. Ich
bin sicher, das ist völlig falsch.«

D.H. Lawrence: Woman in Love

## 1.2.
## Nackt zu allen Zeiten
## – über den Ursprung des modernen Nacktivismus

Der Historiker Egon Friedell schreibt in seiner »Kulturgeschichte der Neuzeit«: »*Der Mensch hat einen tief eingeborenen Hang, sich ... aufzudecken, nackt zu zeigen, nur kann er ihn fast nirgends befriedigen. Dies war schon die Wurzel der uralten Dionysuskulte, bei denen die Männer und Frauen sich im Rausche die Kleider vom Leibe rissen, was aber die Griechen nicht als schamlose Orgie, sondern als ›heilige Raserei‹ bezeichneten. ... Im täglichen Leben wird dem Menschen von Staat und Gesellschaft die Aufgabe gestellt, möglichst geschickt nicht er selber zu sein, sondern immer Hüllen, Draperien, Schleier zu tragen.*« (S. 581)

Diesen Drang, sich aufzudecken, nackt zu sein, haben Menschen schon immer in irgendeiner Weise zu befriedigen versucht, in der Regel heimlich, mit schlechtem Gewissen oder in geschützten Bereichen mit Gleichgesinnten, zu Hause oder in abgeschirmten Geländen. Die Gesundheits- und Reformbewegung in Deutschland Ende des 19. Jahrhunderts bis ins erste Drittel des 20. Jahrhunderts hat ansatzweise solche Möglichkeiten eröffnet. Künstler, Bohemien, Anarchisten und Weltverbesserer trafen sich zum Beispiel auf dem Berg der Wahrheit, dem Monte Verità im Tessin, um ihre Vorstellung von einem gesunden, freien, naturverbundenen und auch nackten Leben und sich selbst zu verwirklichen. Rudolf Laban entwickelte dort die Grundlagen des modernen Tanzes im Nackttanz, man gärtnerte nackt und Hermann Hesse wanderte nackt in den umliegenden Bergen. In Deutschland legte die Naziherrschaft dem Drang der deutschen Nudisten ein enges

Korsett an, das auch während der Adenauer-Ära der Nachkriegszeit kaum gelockert wurde. Erst die Studentenbewegung der 68er vertrieb den alten Mief nicht nur unter den Talaren der Profs und erklärte die nackte Haut als durchaus tragbare Kleidung zumindest zu Hause und an den Stränden. Die im Kielwasser der 68er schwappende Baggerseebewegung machte das Lichtkleid auch außerhalb der FKK-Ghettos gesellschaftsfähig, was schließlich sogar mitten in Großstädten wie Berlin und München toleriert wurde, allerdings nur in Parkanlagen oder entlang bestimmter Badegewässer. Aus den USA importierte Streaker liefen schließlich in den 80ern als Flitzer mitten durch bundesdeutsche Großstädte und verschwanden ebenso schnell, wie sie erschienen waren. Dann gab es immer wieder das Phänomen der Stadion-Flitzer, meist Flitzerinnen, die einfach so oder unter dem Vorwand, gegen irgend etwas zu protestieren, nackt quer über das ganze Spielfeld liefen und es ab und zu immer noch tun. Viele sehen darin einfach einen Gag, eine Art Sport, andere betrachten solche Menschen als Exhibitionisten, die im Grunde innerlich das gesellschaftlich vorgegebene Verbot des Nacktseins teilen. Einer der bekanntesten »Flitzer« oder »Streaker« ist der englische Kunststudent Vincent Bethell. Insbesondere bei öffentlichen Auftritten der Queen zieht er sich immer wieder inmitten Tausender Zuschauer vor dem Buckingham-Palast plötzlich nackt aus. Die Bobbys kennen schon dieses Ritual, und wenn er Anstalten macht, sich seines T-shirts zu entledigen, stürzen sie sich sofort von allen Seiten auf ihn und er wird in Handschellen abgeführt oder an den nächsten Pfahl gekettet. Der einzige, der dabei seinen Gleichmut nicht verliert, ist Vincent. Er lässt dies alles gelassen mit sich geschehen und kündigt lediglich an, dass er die bevorstehenden Gerichtsverhandlungen dazu nutzen wird, sein Recht auf Nacktsein auch juristisch durchzusetzen.

Auch die damals 19-jährige Sheila Nicholls entledigte sich 1989 plötzlich ihrer Klamotten und rannte

SHEILA NICHOLLS
Lords (29/5/1989)

splitternackt übers Spielfeld des Lords-Stadion. Sie wurde ebenfalls nach kurzer Zeit von Ordnungshütern ziemlich unsanft abgeführt. Diese Variante der Flitzer ist sich also durchaus bewusst, dass man sie zur Rechenschaft ziehen wird. Das Foto von ihr spricht Bände. Mit geschlossenen Augen und einem genießerischen Lächeln auf den Lippen rennt die nackte junge Frau vor 25000 Zuschauern durch das Kricket-Stadion, macht Handstand und schlägt nackt Purzelbäume. Ein Exhibitionismus der besonderen Art? Mit Sexualität hat das jedenfalls ganz offensichtlich nichts zu tun, eher mit kindlich-naiver Ursprünglichkeit! Über diesen möglicherweise tief eingeborenen Hang zum Nacktsein, wie ihn auch Kinder fast alle haben, hat sich bisher kaum jemand Gedanken gemacht.

Und jetzt gibt es seit ein paar Jahren, mit steigender Tendenz, die Nacktiven, die nackten Jogger, Wanderer, Radfahrer, Reiter usw., nicht nur in Deutschland, nein weltweit. Viele haben entdeckt, dass sie nicht allein stehen mit ihren Neigungen und ihrem Hobby und sie outen sich. Sie verstecken sich nicht mehr, sie machen nichts mehr heimlich, sie sind »unheimlich« nackt, und sie möchten ihr Nacktsein in den Alltag der Angezogenen integrieren. Das Internet bietet weltweit eine ideale Plattform, Aktivitäten zu planen und zu koordinieren, auf Insider-Foren werden Erfahrungen ausgetauscht und gemeinsame Aktionen geplant. Nackte Wanderer verteilen Flyer, auf denen sie bei ihren textilen »Begegnungen« um Verständnis bitten und darauf hinweisen, dass sie niemanden provozieren wollen.

Die Nacktiven fühlen sich als diskriminierte Minderheit. Ein bestimmter Prozentsatz der Bevölkerung, nach statistischen Erhebungen eines Hamburger Instituts sollen es 17% sein, fühlen sich durch das Erscheinen von nackten Männern in der Öffentlichkeit gestört, »in ihrem Schamgefühl verletzt«. Obwohl es doch eigentlich andersherum sein müsste, üblicherweise schämt sich doch der oder die Nackte?! 83% haben zumindest nichts dagegen. Nach nackten Frauen wurde nicht gefragt, da haben wohl noch weniger etwas dagegen. Und nach diesen 17% wollen sich die Nacktiven nicht mehr richten, auch wenn die überwiegende Mehrheit der Richter sich im Falle einer Anzeige nach der Meinung der Minderheit richtet. Einige sind einfach nacktiv, andere kämpfen sogar dafür. Der langjährige Kampf der Homosexuellen hat schließlich dazu geführt, dass ein Berliner Bürgermeister sich unbeschadet outen kann. Vielleicht kann in ein paar Jahren ein Stuttgarter Oberbürgermeister bei seiner Antrittsrede sagen: *I ben a Nacktjogga, un dees isch guat so!*

## 1.3.
»Wer das Nacktsein verbietet, der verbietet das Menschsein« -
Klaus Hartmann über seine unheimlich nackte Lebenshaltung
und das Prinzip der »sanften Konfrontation«

Noch ist es lange nicht so weit, und heute werden Nackte in der Öffentlichkeit noch als Spinner eingeschätzt. Wowereit wäre das vor einigen Jahren sicher auch nicht anders gegangen: »Wat, Klaus, Bürjameesta willste wern, du spinnst, wat meenste, wenn dat rauskommt, dat de schwul bis, da is de Kacke am dampfen«. Trendsetter sind immer erst mal Spinner, das liegt in der Natur der Sache. Wer was anderes macht, der spinnt eben, aber wenn einige wenige das »cool« finden und nachahmen, dann wird es irgendwann »in«, es entsteht eine »Szene«. Und wenn das Anklang findet, springen immer mehr auf den fahrenden Zug auf, so lange, bis die Jugend abwinkt, olle Kamellen.

Klaus Hartmann hat keine Ambitionen, weder will er Bürgermeister

werden noch ein sonstiges öffentliches Amt »bekleiden«. Im Gegenteil, er hat sich tief ins Mecklenburgische zurückgezogen und leistet sich dort den Luxus des »unheimlichen Nacktseins«. Dort lebt er immer nackt, wenn es die Temperaturen zulassen, und er macht kein Geheimnis daraus. Wir haben mit ihm Kontakt aufgenommen und auf seiner Homepage www.natuerlich-nackt.de herumgestöbert, um Ihnen seine Weltanschauung etwas nahe zu bringen.

Klaus Hartmann ist nackt, weil: *Ja, warum eigentlich? Die Frage ist gar nicht so leicht zu beantworten, weil es für mich schon so selbstverständlich geworden ist. Am einfachsten könnte ich es mit einer Gegenfrage beantworten: Warum eigentlich nicht?*

*Ich war eigentlich schon immer gerne nackt. Bis ich dieses Nacktsein aber so leben konnte wie heute, musste ich mich erst einmal selbst befreien. Auch ich steckte ja schließlich im Umfeld einer bekleideten Gesellschaft, die alles aus der Norm Fallende angreift und sich darüber lustig macht. Doch ich konnte immer weniger einsehen, warum Menschen Kleidung tragen müssen. Meine persönliche Freiheit war mir schließlich wichtiger als das Ansehen in der Bevölkerung. Also vertraute ich auf meinen Verstand, der mir sagte, dass Kleidung nur den Zweck des Schutzes erfüllt und sonst überflüssig ist. So widersetzte*

ich mich mehr und mehr den unsinnigen Bekleidungsregeln der Gesellschaft, bis ich schließlich Zuhause und in der Natur ausschließlich nackt war und bin, solange ich keine Schutzkleidung benötige. So ist meine Nacktheit in gewisser Weise auch Protest gegen die Intoleranz der Gesellschaft.

Natürlich bin ich hauptsächlich nackt, weil ich mich nackt einfach am wohlsten fühle. Hat man erst einmal die unsinnige Scham abgelegt, dann kann man sich mit Kleidung kaum genauso gut fühlen wie unbekleidet. Keine Kleidung zwickt und stört irgendwo. Die Sinne sind nicht durch Hautberührungen der Kleidung abgelenkt und reagieren so viel feiner auf jede Berührung. Man spürt jeden Windhauch am ganzen Körper, ohne eine Unterbrechung des Luftstroms durch eine kurze Hose in der Körpermitte oder gar Kleidung fast am ganzen Körper, wie es ja bei den meisten Menschen ist. Deshalb ist es nackt ein völlig anderes Körpergefühl als beispielsweise mit Badekleidung, und sei sie auch noch so knapp.

Nicht nur Schwimmen, sondern auch Jogging oder sonstige Sportarten kann man sehr gut nackt durchführen. Ich habe immer den Eindruck, nackt etwas leistungsfähiger zu sein als bekleidet. Auf jeden Fall funktioniert die Kühlung des Körpers erheblich besser, wenn man nackt ist. Der Schweiß kann auf der Haut sofort verdunsten und so den Körper viel effektiver kühlen, als wenn man Kleidung trägt.

Wie beim Sport wird der Körper natürlich auch bei schweren Arbeiten besser gekühlt. Nackt zu arbeiten hat aber noch einen weiteren Vorteil: Ich bin erheblich besser motiviert, wenn ich nackt arbeiten kann. Da belastet mich die Arbeit weit weniger als in Kleidung. Wenn ich nackt arbeiten kann, ist das für mich fast schon ein Vergnügen.

Oft bin ich auch nackt, um meinen Körper abzuhärten. Deshalb gehe ich auch im Winter jeden Tag kurze Zeit nackt nach draußen. Abhärtung trainiert den Körper, besser mit Temperaturschwankungen fertig zu werden und schützt so vor Erkältungskrankheiten.

Bei Spaziergängen und Wanderungen bin ich auch am liebsten nackt. Nackt erlebt man die Natur viel intensiver. Man fühlt sich viel mehr mit der Natur verbunden. Es wird einem viel stärker als sonst bewusst, dass man ja selbst auch nur ein Teil der Natur ist und wie klein und von der Natur abhängig der Mensch tatsächlich ist. Diese Erkenntnis führt auch dazu, dass Naturisten sehr bedacht mit der Natur umgehen.

Nacktheit begünstigt die Meditation. So kann man sich in gewisser Weise spirituell mit der Natur verbunden fühlen und aus den natürlichen Energien Kraft schöpfen.

Klaus Hartmann ist bekennender Nackter, er ist »unheimlich« nackt, weil: *Wer das Nacktsein verbietet, der verbietet das Menschsein. Nacktsein ist selbstverständlich, es ist nichts Besonderes, wenn nicht was Besonderes daraus gemacht wird.*

Und Nacktsein tut Leib und Seele gut, so die Botschaft von Klaus Hartmann. Eine Gesellschaft, die ihre Artgenossen nur verhüllt dulden und ertragen kann, ist krank. Gerade für die Kinder sei es notwendig, ein normales Verhältnis zum nackten Körper zu bekommen, damit sie nicht Gefahr laufen, irgendwann gar nicht mehr mit dem Nacktsein umgehen zu können, es noch mehr als nicht normal betrachten als bisher.

»Die Bevölkerung an das Vorhandensein nackt lebender Menschen zu gewöhnen und ihnen zu zeigen, dass Nacktsein durchaus gesellschaftsfähig sein kann« ist erklärtes Ziel der Initiative Pro-nackt. *»Das geht natürlich nicht, wenn sich alle Nackten auf ihren Grundstücken hinter blickdichten Hecken verstecken und darauf achten, dass sie möglichst niemand zu Gesicht bekommt. Das soll natürlich auch nicht heißen, dass man sich in aufdringlicher Weise dauernd anderen Menschen präsentieren sollte.«* Hier ist also Fingerspitzengefühl gefragt, gilt es doch, so Klaus Hartmann,

das Umfeld gemäß dem Prinzip der »sanften Konfrontation« für die Problematik zu sensibilisieren. »Nur durch die Konfrontation mit nackten Menschen wird der ›Normalbürger‹ überhaupt angeregt, sich mit mehr oder weniger öffentlicher Nacktheit auseinander zu setzen. Wie sollte er auch sonst auf die Idee kommen, sich über ganz unbefangenes Nacktsein im Alltag Gedanken zu machen. So sieht er, dass es Menschen gibt, die ganz unkompliziert und selbstverständlich nackt sind, und vor allem merkt er, dass es ihm nicht geschadet hat und es gar nicht so schlimm war, dass da jemand nackt war. Genau da setzt der Lernprozess ein. Es macht also gar nichts, wenn Menschen einfach so nackt sind.«

Für den »Normalisierungsprozess des Nacktseins« ist es wichtig, dass der nackte »Auftritt« mit großer Selbstverständlichkeit geschieht. »Der Nackte soll nicht anders handeln, als sei er bekleidet. Wenn er durch sein Verhalten Unsicherheit signalisiert, dann ist das so, als wollte er sich für sein Nacktsein entschuldigen, also so etwas wie ein Schuldeingeständnis. Dies wiederum versetzt sein Gegenüber in die Position eines Anklägers, und er wird sich allein wegen der Unsicherheit des Nackten über diesen empören. Das ist eine ganz normale Reaktion,

wenn ihm signalisiert wird, das was der da macht ist unrecht. Darum sollte man in seiner Selbstsicherheit schon ein bisschen gefestigt sein, bevor man sich allzu weit vor traut und die Postzustellung am Gartentürchen nackt entgegennimmt, wie ich es des öfteren schon tat, was, am Rande bemerkt, völlig normal ablief. Die Postbotin sagte, ihr sei auch warm, aber sie könne das ja nicht machen (also die Post nackt bringen).«

»Nacktsein ist für andere zumutbar«, schreibt uns eine eigentlich sonst wenig streitbare sympathisierende Nacktive, »zumal wir in einer Gesellschaft leben, in der man dem anderen ohne Bedenken den eigenen Zigarettenqualm oder rücksichtslose Fahrweise zumutet. Die nackte ›Zumutung‹ verweist – wenn man den Begriff wörtlich nimmt – auf die Möglichkeit, als nackter Mensch seinem Umfeld eine gesunde Portion Mut zu vermitteln. Und Authentizität kann ansteckend wirken. Das eigene wahrhaftige und aufrichtige Verhalten kann auch andere Menschen zu mehr Wahrhaftigkeit animieren. Mehr Wahrhaftigkeit für ein gesundes und natürliches Miteinander.«

> »Sich seines Körpers schämen, der man doch selber ist, hieße ja nichts anderes, als sich seiner selbst schämen.«
> Gerhard Hauptmann

## 1.4.
## Nackt für Nackt – ein Sexualtherapeut fordert das nackte Menschenrecht

Wahrhaftigkeit und das Recht auf freie Selbstgestaltung sind auch das Anliegen des Freiburger Sexualtherapeuten Dr. Peter Niehenke, das er allerdings sehr viel offensiver als Klaus Hartmann und mit einer guten Portion politischer Agitation gegenüber dem Gesetzgeber fordert. Niehenke ist ein wortgewandter, hochintelligenter Kämpfer, der sich nicht scheut, sich mit Gegnern seiner Weltanschauung auf öffentlichen Talkshows zu messen und ihnen Borniertheit, Intoleranz und Ignoranz vorzuwerfen. Er joggt und radelt nackt durch Freiburgs Umgebung und Vorstädte und bereits durch 50 Fernsehsendungen.

Sogar die ganze koreanische Fernsehnation konnte ihn nackt bewundern, allerdings mit einem digitalen Unschärfeschleier über den Stellen, die er sonst auf behördliche Anweisung verdecken muss und deshalb mit einem Damensöckchen überzieht. Das koreanische Fernsehen gestattet nicht einmal Blicke auf weibliche oder männliche Nacktheit von hinten. Die Pofalte wird digital wegoperiert und Peter und die abgelichteten jungen Damen verwandeln sich in eine seltsam nebulöse außerirdische Erscheinung ohne offensichtliche Notwendigkeit oder Möglichkeit, ihre Verdauungsreste in den Weltenraum befördern zu können oder zu müssen. Jedoch ein Hoch dem RTL, das auch vor schwingenden und pendelnden männlichen Attributen keine Scheu hat, im Gegensatz zu manch anderen Sendern, die ein goldenes Sternlein über den Bildschirm hüpfen lassen, das zufällig immer genau dort ist, wo man gerade hinsieht oder hinsehen möchte.

Peter ist der Initiator und nicht nur geistige Vorreiter der Nacktiven, der seit 1998 mit Ganzkör-

> »Cupinula klagte sehr über Adams Fall, drum, daß niemand überall darf jetzt gehen nackend mehr.«
> Friedrich Logau

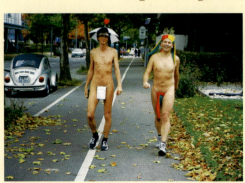

pereinsatz für das Recht aller Menschen auf die Wieder-Auswilderung ihrer geschlechtsspezifischen Merkmale kämpft. Alles, was bisher mehr oder weniger krampfhaft textil eingesperrt war, soll sich in der Natur frei entblößen und entfalten dürfen.

Und nach so viel Theorie und Hintergrundinformationen stürzen wir uns nun ins volle nackte Menschenleben, zu denen, die sich ausziehen, um das Fürchten zu verlernen, zu den Indoor/ Outdoor- und Urban-Nackten. Wir schauen uns an, was und wo man/frau alles nackt machen kann, besuchen die Nacktwanderer, die Nacktradler und die Nacktreiter und lassen sie aus ihrem reichen Erfahrungsschatz berichten.

»So ist die Angst, sich schämen zu müssen, als Wurzel der Wut auf die Nacktheit zu verstehen.«
Andreas Kuntz:
Der bloße Leib

## 2. Indoor-nacktiv

### 2.1.
### »Mich macht es wesentlich sinnlicher, wenn ich nichts anhabe.«
### – Wenn Hausarbeit zum Erlebnis für die Sinne wird

Beginnen wir mit einer bekennenden Indoor-Nacktiven: Sabine. Sabine ist 39 Jahre und wohnt in Köln, ihr Freund kennt dieses Ritual: wenn sie nach Hause kommt, zieht sich Sabine als erstes völlig aus. »*Das war schon immer so, ich kann gar nicht sagen wann, da gabs einen Zeitpunkt X, wo ich das Gefühl hatte: so, jetzt willste nackt rumlaufen, sondern eigentlich, solange ich denken kann, sogar meine Mutter hat immer erzählt, ich hätte ungern Klamotten angezogen oder so, und ich hab mich da immer sehr gegen gewehrt. Also ich glaube, das ist einfach so, ich fühle mich schöner, besser, sinnlicher.*« (hier und im folgenden zitiert nach einer RTL-Sendung vom Juni 2004)

Zu Hause macht Sabine von morgens bis abends immer alles nackt. Sie putzt die Wohnung, kocht, isst, bügelt usw. immer nackt. Anfangs hat sich ihr Freund Dirk darüber noch gewundert, aber Probleme hatte er nie damit – im Gegenteil, für ihn ist es etwas außerhalb des Alltäglichen, und daher etwas sehr Erfreuliches. Sabine hat durch Dirk erst richtig zu ihrer Vorliebe stehen gelernt, » *... er hat mich da schon auch ermutigt und gesagt: Hey, das ist gut und in Ordnung und schön*

und normal. Mach mal, wenn es dir gut tut. Also das hat für mich auch ein ganzes Stück Sicherheit gebracht.« Sabine bittet auch ihren Lebenspartner immer öfter, sich zu Hause nackt zu bewegen.

Zu Kleidung hat Sabine eine gewisse Distanz. Kleider machen Vorurteile, findet sie: »*Ich glaube einfach, wir bewerten Menschen ganz oft danach, wie wir sie optisch wahrnehmen, und dann haben die Leute was an und ich sehe: Aha, die hat ein Kostüm an, und ich pack das in 'ne Schublade, und die andre hat ein Hippikleid an und ich pack das in 'ne Schublade; wenn die beide nix anhätten, müsst ich mir Gedanken machen, was ich sonst über sie denke. Und ich denke, das ist das, was für mich wichtig ist und auch immer wieder den Reiz hat, also ich leg damit selber ganz viel ab an Mustern, die ich vielleicht mir selber aufdrücke.*«

Sabine ist es egal, ob die Nachbarn von gegenüber oder von unten vom kleinen Straßencafé an der Ecke sie sehen können. Dass sie auch ihre Fenster völlig nackt putzt, ist ganz normal für sie. »*Mich macht es wesentlich sinnlicher, wenn ich nichts anhabe, ich fühle einfach mehr, ich fühle Luft, Wind, Sonne, Wärme, Kälte, ich fühle mich einfach freier, nicht ganz so begrenzt einfach.*«

Wir haben versucht, mit Sabine Kontakt aufzunehmen und auch ein paar Fotos von ihr zu bekommen, aber es ist uns leider nicht gelungen. Hier daher einige Bilder von nackten männlichen Heimwerkern.

Also, wer Probleme mit der Erledigung der täglichen Haushaltspflichten hat, sollte das Ganze vielleicht mal nackt probieren, das steigert die Arbeitsmoral, wie wir schon am Beispiel Klaus Hartmanns gesehen haben.

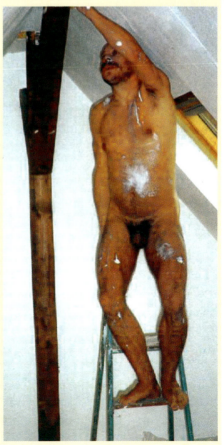

## 2.2.
## »Von meinen Eltern hab ich das nicht...«
### - ein Streaker berichtet über seine Kindheitserlebnisse

Sabine gehört zu den bekennenden Indoor-Nacktiven, sie verbirgt ihre Vorliebe nicht, praktiziert sie jedoch nur in den engen Grenzen ihrer eigenen Wohnung. Wir kennen viele Menschen, die zu Hause immer oder nur gelegentlich nackt sind. Viele wollen oder müssen Rücksicht nehmen auf Nachbarn, haben Angst, ihr Mietvertrag würde gekündigt oder man könnte über sie reden. Insbesondere die typischen FKK-Familien sind zu Hause immer nackt, solange die Temperaturen es zulassen. Ein Vater berichtet uns, dass auch seine beiden Söhne seit ihrer Geburt zu Hause immer nackt sind, wie die ganze Familie, und das bei Zimmertemperaturen ab 16 Grad. Probleme gab es erst, als sie in den Kindergarten kamen und sich dort wie immer nackt auszogen. Nachdem sie sich dort den Bekleidungs-Gepflogenheiten angepasst hatten, streikten sie jedoch im Sommer im Sandkasten und befreiten sich wieder von Hemd und Hose. Daraufhin wurde ein Elternabend

gefordert und der Antrag gestellt, Kindern generell das Nacktsein im Kindergarten zu untersagen! Aus hygienischen Gründen!

Zu was dieses Verbot von Nacktsein führen kann, schildert ein US-amerikanischer Streaker:

Von meinen Eltern hab ich das nicht. Das ist sicher. Ich bezweifele sogar, dass sie bei der Geburt nackt waren. Als ich klein war, durfte ich nur in meinem teppichbelegten Schlafzimmer barfuß sein, oder wenn ich sie gewaschen habe. Sie dachten, ich bekäme kalte Füße und ich würde mir eine Krankheit zuziehen, wenn ich irgendwo ohne Slipper rumlaufe. Wir lebten im Süden und wir hatten einen Garten, aber nicht mal im heißesten Sommer wagte es mein Vater, ohne Hemd draußen gesehen zu werden. Wenn ich mich am Morgen anzog, oder den Pyjama am Abend, da nahm ich mir viel Zeit – damit ich für ein paar Momente nackt sein konnte.

An einem Sonntagmorgen, als ich schon lange vor meinen Eltern auf war, brauchte ich was aus dem Erdgeschoss. Der Boden war dort am kältesten. Ich schlüpfte aus meinen Slippern, wusste ich doch, ich würde hören, wenn meine Eltern aufwachten und die Tür öffneten. Das Gefühl war so schön und frisch, aber ich wollte mehr. Ich zog die Slipper wieder an, aber zog mein Pyjama-Top aus. Wieder fühlte sich die Luft fantastisch an, weil ich meine Umgebung auf eine Weise zu fühlen schien wie niemals zuvor. Ich zog es wieder an, aber mir saß an diesem Morgen wirklich der Schalk im Nacken – ich zog meine Hose aus und setzte mich auf einige unterschiedliche Sessel, fühlte sie wie niemals vorher. Während der nächsten Wochen probierte ich verschiedene Variationen aus in diesem Erdgeschoss-Vergnügen – barfuß und ohne Hemd gleichzeitig, oder ohne Hemd mit heruntergelassenen Hosen usw. Natürlich dauerte es nicht allzulange und es entwickelte sich bis zu dem Punkt, wo ich völlig nackt war.

Als ich alt genug war, dass man mich zum ersten Mal allein zu Hause lassen konnte, könnt ihr euch vorstellen, was ich tat. Nackt in allen Zimmern zu sein, einschließlich Dachboden und Garage, war damals ein großer Thrill. Obwohl mein Aktionsbereich klein war, war die Idee und das Interesse dasselbe. Gute zeitliche und örtliche Planung ermöglichte mir etwas zu tun, was die meisten Menschen nicht machen und von dem sie denken, es geht gar

> »Solange Eltern vor ihren Kindern nicht nackt gesehen werden wollen, müssen die Kinder zwangsläufig das Gefühl haben, dass da ein Geheimnis ist, und wenn sie dieses Gefühl haben, werden sie aufgereizt und unanständig.«
> Bertrand Russell

nicht. Das ist die Herausforderung für den nackten Abenteurer und Flitzer.

Heute bin ich 46 Jahre alt und immer nackt zu Hause. Die Erregung, nackt Auto zu fahren oder mich spät nachts auszuziehen, wo ich grad Lust hab, ist dasselbe Gefühl, wie es damals im Haus meiner Eltern war. Manche Dinge ändern sich einfach nicht. Stay naked and happy...

Hier haben wir ein typisches Beispiel für die Auswirkung einer körperfeindlichen Erziehung. Das Nacktsein wird geradezu als Erlösung und Befreiung empfunden, verbunden mit dem hartnäckigen Wunsch, dieses Nacktsein in die Öffentlichkeit zu tragen. Wir werden im weiteren Verlauf bei der Beschäftigung mit den Streakern noch einmal darauf zurückkommen.

## 2.3.
## Nacktempfang für die Zeugen Jehovas
## - Burgschauspieler Karl Pfeiffer wuchert mit seinen Pfunden

Die Palette der Indoor-Nacktiven ist breit. Einige sitzen mit Vorliebe nackt vor dem Computer und nennen sich dann Nifocs, nude in front of computer. Manche sind nur gelegentlich nackt, manche immer. Gerhard zum Beispiel ist immer nackt, auch zum Briefkasten geht er nackt und warnt Besucher durch ein Schild an seiner Wohnungstür: *Vorsicht nackter Mensch.* Weil er auch die Wohnungstür nackt öffnet.

Das macht auch der österreichische Burgschauspieler Karl Pfeiffer, der dadurch auch schon mal die Zeugen Jehovas in die Flucht geschlagen hat, die ihn am Sonntagmorgen zu unchristlicher Zeit aus dem Bett geklingelt hatten. Der Bürgermeister von Mistelbach hingegen ließ sich nicht von dem nackten Schwergewicht erschrecken, er saß mehrere Stunden mit ihm zusammen bei einem Glas Wein. Anschließend hat dieser ihn nackt auf die Straße zum Auto begleitet. *»Selbst der hat nichts mehr dabei gefunden!«*, so Karl Pfeiffer. Er ist überhaupt den ganzen Tag nackt, auch in seinem Garten: *»Die Leute wussten das, haben über den Zaun geschaut. Da sieht man mal, wie krank solche Menschen sind, die gehen hin, um sich aufregen zu können.«* Karl Pfeiffer sieht im Nacktsein ein Grundrecht auf Freiheit, das Recht aller Menschen, nicht nur der Schönen. *»Unsere Gesellschaft ist lächerlich, man regt sich über Taliban auf, weil die Frauen verschleiert sein müssen; viel besser sind wir auch nicht.«* Schon als Kind ist er immer zuhause nackt herumgelaufen, wie seine Eltern, auch seine vier Töchter sind so erzogen: *»Was gibt es Natürlicheres?«*

## 2.4.
## Jenny und Julie go nekkid
## – warum der Postmann künftig zweimal klingelt

Hier eine ähnliche kleine Geschichte aus den USA, wo man nicht so relaxed mit Nacktheit umgehen kann, weil darauf Strafen bis zu 24 Monaten Gefängnis stehen. Das »exitement« ist dort naturgemäß sehr hoch, und Phantasie ist gefordert, um in einer an sich persönlich normalen, wenn auch gesellschaftlich außergewöhnlichen »Bekleidung« alltägliche Dinge tun zu können. Hier der Bericht von Jenny: Ich habe den richtigen Zeitpunkt für den Postboten durch das Fenster abgepasst. Ich lief nackt zum Briefkasten, der sich im Flur ein Stück weg von meiner Wohnungstür befindet. Ich tat so, als ob ich nachschauen wolle, ob die Post schon da sei, als er hereinkam. Ich war furchtbar nervös, aber dann öffnete sich die Tür, und da stand ich. Ich drehte mich um und tat so, als ob ich mich bedecken wollte, und entschuldigte mich, ich hätte nicht damit gerechnet, dass jemand käme. Ich schämte mich darüber, wie ich mich verhielt. Deshalb stellte ich mich einfach aufrecht hin und hörte auf damit, mich zu bedecken, und sagte ok, jetzt ist's ja eh zu spät, nicht. Sie haben ja schon alles gesehen, und ich lachte so ein bisschen in mich hinein, als ich ihn fragte, ob er auch Post für mich habe. Ich stand da nackt vor ihm, als er die Briefe in seiner Hand durchblätterte. Ich fühlte, dass ich

rot geworden war und heftig atmete, und mein Herz raste. Ich war sehr, sehr aufgeregt. Er gab mir meine Post, und er betrachtete mich ununterbrochen von oben bis unten. Ich drehte mich um und ging zurück in mein Appartement, nachdem er mir meine Post gegeben hatte, und das wars. Ich mag das, wenn es so ganz zufällig aussieht.

Julie braucht für ihr Nacktsein hingegen viel weniger Phantasie. Sie lebte früher zum Beispiel auch nackt in einer Frankfurter Parterre-Wohnung mit Fenstern zu einer belebten Straße gegenüber einer Arztpraxis, ohne Gardinen. Sie hatte nie Probleme. Allerdings hat der Arzt von gegenüber im Behandlungszimmer dann irgendwann Jalousien angebracht.

Ach übrigens, kennen Sie den schon: An einem ebenerdigen Appartement geht ein Mann vorbei. Er sieht durch die offenstehenden Fenster eine nackte Frau und schaut interessiert hinein. Er wird wegen Voyeurismus verhaftet! Eine Woche später, gleiche Situation. Diesmal wird der Ehemann nackt von einer vorübergehenden Frau gesichtet. Jetzt wird der Mann in der Wohnung verhaftet, wegen Exhibitionismus!

Für Europa klingt das etwas überspitzt, aber vielleicht ist es sogar eine Realsatire aus den Vereinigten Staaten der unbegrenzten Prüderie?

In Deutschland ist man da schon etwas toleranter, und die Wohnung wird dem Einzelnen weitgehend als privater Lebens- und Freiraum zugestanden. Allerdings wurde ein nackter Rentner in seiner Wohnung nach einer Meldung der »Landauer Neuen Presse« von der Mutter eines zwölfjährigen Mädchens angezeigt, weil dieses durch den Anblick seines Penis erkrankt sei! Die Anklage wegen »sexuellen Missbrauchs« und »fahrlässiger Körperverletzung« wurde jedoch zurückgewiesen, obwohl der Landgerichtsarzt bestätigte, dass die Angstzustände und Schlafstörungen des Mädchens eindeutig mit dem Anblick des nackten Mannes zusammenhingen.

Da fragt man sich allerdings, ob hier nicht der Falsche vor Gericht zitiert wurde. Wäre nicht eher fahrlässige Körperverletzung zu vermuten, wenn Eltern ihre Kinder so erziehen, dass sie beim Anblick eines nackten Mannes Angstzustände bekommen?

> »Wahre Schönheit ist nackt. Und der Mensch kann sich dieser Schönheit gegenüber nicht anders verhalten als durch eigene Nacktheit – wenn nicht durch die, durch die du im Augenblick mitwirken kannst, so durch die, die du einst hattest.«
>
> Witold Gombrowicz

# 3. Outdoor-nacktiv

## 3.1.
## Nackt das Haus abgeputzt – da macht die Arbeit richtig Spaß

Das Mädchen aus der oben zitierten Zeitungsmeldung hatte den Rentner unbekleidet auf dem Balkon gesehen, »jedoch stellte die Polizei fest, dass das Mädchen dies nur sehen konnte, wenn sie auf den Badewannenrand stieg und aus dem Badezimmerfenster auf den Balkon sah – da der Balkon des Angeklagten mit einem Sichtschutz verkleidet ist«, so die schon zitierte Zeitungsmeldung. Vielleicht ist gerade diese Verkleidung mit Sichtschutz und der Versuch, sein Nacktsein zu verbergen, ein Indiz für viele, dass hier etwas Unanständiges oder Verbotenes vor sich geht.

Klaus Hartmann hingegen hat sich von Anfang an zu seiner Lebenshaltung bekannt und vielleicht wurde er gerade deswegen nie mit solchen Problemen wie der vorgenannte Rentner konfrontiert. Er berichtet:

*Gleich nach dem Kauf unseres Hauses musste ich erst einmal einen Graben für die Wasserleitung ausheben. Im Wohnhaus war kein Wasseranschluss, der befand sich im Nebengebäude. So legte ich also bei schönstem Sommerwetter gleich nackt los. Obwohl dies recht anstrengend war und ich oft mit Wurzeln zu kämpfen hatte, war ich doch ziemlich motiviert. Ich war ja nackt, und da vermisste ich kaum den nahen Strand in Ueckermünde. Außer zu baden könnte ich dort auch nicht viel mehr machen, als nackt in der Sonne zu sein, und das war ich ja nun schon hier Zuhause.*

*Nackt arbeiten zu können kommt mir gar nicht mehr so sehr wie Arbeit vor. Ich fühle mich dabei richtig wohl, bin an der Luft und in der Sonne, habe Bewegung und bekomme auch noch nebenbei eine schön gleichmäßige nahtlose Bräune. Was will man mehr? Andere bezahlen viel Geld, um das mal im Urlaub kurze Zeit genießen zu können.*

*So erledigte ich von nun an alle meine Arbeiten nackt, bis hin zum Außenputz unseres Hauses. Dies war sicher ein etwas gewagter Schritt, da ich ja auf dem Baugerüst weithin sichtbar und kaum zu übersehen war. Es war schon eine Gratwanderung. Einerseits wollte ich nicht aufs Nacktsein verzichten, andererseits lag es mir aber auch fern, andere zu provozieren.*

*Es bestand natürlich die Gefahr, man würde mein Nacktsein hoch oben auf dem Baugerüst als eine Art des sich Präsentierens auslegen und mir eine exhibitionistische Handlung* vorwerfen, was ja nach § 183 StGB strafbar ist. Natürlich handle ich nicht aus einer exhibitionistischen Neigung heraus, sondern aus einer Lebenseinstellung, ja Weltanschauung heraus, und einfach des Wohlfühlens wegen. Vermutlich hat man mir das auch abgekauft, denn auch die regelmäßig recht langsam vorbeifahrende und aufmerksam beobachtende Polizei ließ mich unbehelligt meine Arbeit machen.

Es ist sicher auch eine Frage des Auftretens, wie die Nacktheit eines Menschen empfunden wird. Auch die zahlreich vorbeifahrenden Fahrrad-Touristen und die Autofahrer schienen sich durch mein Nacktsein nicht belästigt zu fühlen. Außer Erstaunen und Belustigung gab es oft auch freundliches oder gar freudiges Winken oder auch Hupen von den Autofahrern. Lediglich ein paar Jugendliche aus dem Dorf ließen es sich nicht nehmen, ein paar dumme Bemerkungen anzubringen.

Das Nacktarbeiten bringt außer einer besseren Arbeitsmoral noch einen weiteren positiven Aspekt mit sich: Man spart enorm viel verschmutzte Wäsche. In der Sommer-Saison kommt von mir kaum mal was zusammen, was gewaschen werden muss. Und nach der Arbeit muss man sich sowieso duschen, egal ob man nun Kleidung getragen hat oder nicht, denn man ist dann ja doch verschwitzt, jedenfalls im

Sommer.

Natürlich kann man die Arbeiten in der Wohnung genauso nackt erledigen wie die Außenarbeiten. Bei Renovierungsarbeiten im Haus bleibe ich also auch immer nackt, und der Schmutz auf der Haut ist unter klarem Wasser schnell wieder abgespült. Das spart Strom, Wasser und Waschpulver für die Waschmaschine. Nacktsein leistet also auch einen Beitrag zum Umweltschutz.

Auch die Gartenarbeit erledigt Klaus nackt: *Da man die Gartenarbeit gewöhnlich bei schönem Wetter erledigt, bietet es sich natürlich an, dabei die Kleidung weg zu lassen und die Arbeit nackt zu erledigen. Sei es nun Rasen mähen, Hecken, Büsche und Bäume schneiden, Beeren pflücken, Laub rechen, Unkraut rupfen, Kompost sieben und was sonst auch immer noch anfällt, all das kann man prima nackt erledigen.*

*Natürlich bleibt das nackte Treiben im Garten von den Nachbarn meist nicht unbemerkt. In der Regel wird sich daran aber niemand stören. Sie gewöhnen sich schon bald daran und werden es irgendwann überhaupt nicht mehr beachten.*

Klaus Hartmann nach getaner Arbeit. Vorsicht beim Nachmachen. Er hat eine dicke Steinplatte unter dem Hintern.

## 3.2.
## Bürgerinitiative Wald-Fkk
## - oder: Die Perversion der Scham

Nun, nicht alle stoßen auf so viel Verständnis und Toleranz wie Klaus Hartmann. Der schon mehrfach erwähnte Peter Niehenke hat schon 1998 seine ersten nackten Vorstöße in die Öffentlichkeit gewagt und ist auf erhebliche Widerstände gestoßen. Heute ist Peter der prominenteste und aktivste Vertreter der nackten Bewegung. Peter Niehenke ist Sexualtherapeut. Er hat promoviert; als »Spinner« oder »Verrückten« kann man ihn da wohl schlecht abtun. Er kämpft seit sieben Jahren um das Recht auf Nacktsein. Überall und für jeden. Seine Freundin Klaudia Odreitz hat sogar ihre Doktorarbeit darüber geschrieben: Nacktsein als Menschenrecht. In seiner wenig freien Heimatstadt Freiburg hat er es da besonders schwer. Weder die Polizei noch die Justizbehörden wollen da so recht mitziehen. 1998 begann er mit ersten Ausflügen in der unmittelbaren Umgebung von Freiburg, noch mit einem Lendenschurz bekleidet. Aber lassen wir Peter selbst seine Geschichte erzählen:

*Wie in jedem Sommer tummelten sich auch in diesem Sommer Tausende von Freiburgern unbekleidet an diversen Baggerseen, dem Dreisamufer oder auf ihrem häuslichen Rasen. Nacktheit ist ein Vergnügen! Und wie RTL im Mai zu berichten wußte, gibt es in Australien gar eine regelrechte Massenbewegung: Man joggt nackt, sitzt nackt auf dem Rücken der Pferde, geht nackt zum Kegeln, und sogar Fallschirmspringen übt man nackt. In Freiburg allerdings trifft man die Nackten nur an bestimmten Orten. Es werden zwar immer mehr Orte, aber jeder Ort will einzeln »erobert« sein ...*

*Da ich begeisterter Nudist bin und als Sexualtherapeut jemand, dem »Prüderie« sozusagen von Berufs wegen ein Dorn im Auge sein muß,* fragte ich mich, welche rechtlichen Gründe diese »Salami-Taktik« eigentlich notwendig machen. Auch mir ist natürlich bekannt, daß es bestimmte Bekleidungs-Konventionen gibt, doch »Benimm-Regeln« und »Kleiderordnung« sind meiner Meinung nach eine Sache des »Knigge«, und der ist nicht verbindlich. Auf keinen Fall sollten sie eine Sache des Strafgesetzbuches sein!

Was sollte man schließlich auch von einer Kultur halten, in der die Leute sich durch Androhung von Strafe davor schützen wollen, »menschliche Körper sehen zu müssen«? Ein solches Ansinnen ist zutiefst körperfeindlich und damit inhuman!

Wohl wissend, daß z.B. mitten in München (im »Englischen Garten«) Nackte herumspazieren, ohne daß Ordnungshüter eingreifen würden, machte ich, nachdem ich mich vorsichtshalber zusätzlich über die einschlägigen gesetzlichen Bestimmungen informiert hatte, in Freiburg einige »Experimente« (was in München erlaubt ist, kann in Freiburg ja eigentlich nicht verboten sein). Der erste Versuch, ganz schüchtern noch am Rande der Stadt in der Nähe von Umkirch hatte gar dramatische Konsequenzen: Die Polizei rückte mit einem Personen- und einem Mannschaftswagen, vier Mann und einem Hund an. Aber die Beamten waren nett und hatten Humor, und nachdem meine akademische Bildung zur Kenntnis genommen war und ich auch sonst nicht weiter »verwirrt« wirkte, zogen sie wieder ab, nicht ohne die freundliche Aufforderung, ich möge mich aber in Zukunft bitte »anständig anziehen«. Doch ich ließ mich nicht beirren, und so war ich der Polizei bald gut bekannt. Ich traf sogar eine Vereinbarung mit dem Leiter des Polizeireviers Süd, telefonisch vorzuwarnen, wenn ich mal wieder nackt umherlaufen wollte, und welche Route ich zu gehen plante. Dieser »Nacktwarndienst« ersparte den Damen und Herren von der Polizei, jedesmal ausrücken und zum x-ten Mal meine Personalien kontrollieren zu müssen, wenn ich ihnen mal wieder per Telefon von einem besorgten Bürger angezeigt wurde (»Da läuft ein Verrückter völlig nackt die Dreisam entlang ...«).

Schließlich aber fühlten vier Frei-

»Der Anblick seines entblößten Gliedes war auch objektiv geeignet ... Abscheu, Ekel, Schock, Schrecken oder Verletzung des Schamgefühls hervorzurufen.«
Oberlandesgericht Karlsruhe, Beschluss vom 4. Mai 2000 in der Bußgeldsache gegen Dr. Peter Niehenke

»Niemand darf wegen seines Geschlechtes ... benachteiligt oder bevorzugt werden.«
Grundgesetz der Bundesrepublik Deutschland

»Die meisten benutzen ihren Verstand nur, um andere um den Verstand zu bringen.«
Anker Larsen: Olsens Torheit

burger Bürgerinnen und Bürger sich durch den bloßen Anblick dieses »hageren nackten Männerkörpers, etwa 30 Jahre mag er alt sein« (Polizeiprotokoll) derart »in ihren Gefühlen in geschlechtlicher Hinsicht verletzt« (Staatsanwalt), daß sie Strafanzeige erstatteten. - Nun gibt es einige ausländische Mitbürger, die fühlen sich z.B. dadurch in ihren »Gefühlen in geschlechtlicher Hinsicht verletzt«, wenn Frauen »ohne Schleier« oder gar in einem Bikini in der Öffentlichkeit herumlaufen ...

Aber es kam noch schlimmer: Ich erhielt von einer »Kollegin« am Gesundheitsamt eine »Einladung« zu einem Gespräch. Wie sich schnell herausstellte, sollte es auf Anweisung der Freiburger Polizeibehörde

in diesem Gespräch darum gehen zu prüfen, ob gegen mich, der ich so frech gegen Konventionen verstieß, nicht ein sog. »Unterbringungsverfahren« eingeleitet werden müsse. In einem solchen Verfahren wird amtsärztlich geprüft, ob man eine Person zwangsweise in die Psychiatrie einweisen muß, weil sie eine Gefahr für sich und andere darstellt. - Sich bei solchem Vorgehen an Praktiken erinnert zu fühlen, die man eigentlich nur aus Berichten über totalitäre Staaten kennt (Mißbrauch der Psychiatrie zur Ausgrenzung von Leuten, die man durch die »normalen« Gesetze nicht packen kann), wäre allerdings ein Zeichen schwerer Paranoia ...

Auch die Staatsanwaltschaft Freiburg erhob schließlich Anzeige wegen Verstoßes gegen § 183 a: »Erregung öffentlichen Ärgernisses«. Dies löste große Verwunderung bei mir aus, denn dieser Paragraph war mir gut bekannt, und ich hatte mich vor meinen »Experimenten« vergewissert, daß mein Verhalten nach allem, was ich von diesem Gesetzestext verstand, im Sinne dieses Paragraphen auf jeden Fall nicht strafbar sein konnte. § 183a. lautet nämlich: »Erregung öffentlichen Ärgernisses«:

Wer öffentlich sexuelle Handlungen vornimmt und dadurch absichtlich oder wissentlich ein Ärgernis erregt, wird mit Freiheitsstrafe bis zu einem Jahr oder mit Geldstrafe bestraft, wenn die Tat nicht in § 183 mit Strafe bedroht ist. (§ 183 bezieht sich auf Exhibitionismus, ein Vorwurf, der gegen mich aber vernünftigerweise nicht erhoben wird.)

Die »Geschädigten«, wie sie im Juristendeutsch heißen, hatten jedoch übereinstimmend zu Protokoll gegeben, daß ihnen der »nackte Mann« nur dadurch aufgefallen sei, daß er eben nackt gewesen sei: irgendwelche auffälligen Handlungsweisen oder gar sexuellen Absichten waren ihnen, trotz ausdrücklicher Nachfrage (!), nicht aufgefallen.

Im Februar 1999 geht Peter Niehenke mit einer Pressemitteilung an die Öffentlichkeit: Die Perversion der Scham:

Kaum ein Mensch schämt sich, wenn er die Umwelt verdreckt oder wenn er seine Mitmenschen oder den Staat betrügt (im Gegenteil!), kaum ein jugoslawischer Scharfschütze schämt sich, wenn er Kinder abknallt, kein betrunkener Autofahrer schämt sich, das Leben anderer Menschen zu gefährden. Aber wenn diese Leute sich vor anderen nackt zeigen sollten, also so, wie sie als Menschen nunmal aussehen, dann schämen sie sich plötzlich. Und, was das Verrückte ist: Alle haben dafür Verständnis! - Es ist eine groteske Verdrehung unserer Werte.

In einem Satz: Wir schämen uns für die falschen Dinge!

Welche Gefahr geht eigentlich von einem nackten Menschen aus? Welche Gefahr geht davon aus, daß andere (einschließlich Frauen und Kinder!) einen Menschen in seinem Naturzustand »sehen müssen«? Wie kann man begründen, daß man staatliche Gewalt anwendet (und Steuergelder verschwendet), um Leute davor zu schützen, »menschliche Körper sehen zu müssen«?

Warum ich eine Bürgerinitiative gründen will:

Ich weiß aus Gesprächen mit Leuten, die mir bei meinen Spaziergängen begegnen, daß es sehr viele Menschen gibt, die es toll fänden, nackt herumzulaufen (man denke nur an die Millionen von FKK-Anhängern in Deutschland), die es sich aber außerhalb der sog. »geduldeten Zonen« nicht trauen. Solche

Menschen möchte ich gern zusammenführen.

Die Frage stellt sich: Warum kann man sich nicht auf die Zonen beschränken, in denen es »geduldet« wird? - Statt einer Antwort muß man sich nur daran erinnern, daß jede dieser »Zonen« erstritten werden mußte. Wenn es nach der Polizei oder den Behörden gegangen wäre, gäbe es keine einzige solche Zone. - Nun zu meiner Gegenfrage: Warum müssen nackte Körper »in Ghettos« weggesperrt werden?

Wenn man die menschliche Handlungsfreiheit einschränken will, dann muß es dafür einen vernünftigen (wichtigen) Grund geben!

Ich finde den von der Polizei und den Gerichten verwendeten Begriff der »Duldung« unerträglich. Es kann nicht dem Geschmack einzelner Polizisten oder irgendwelcher Beamten überlassen sein, welche »Kleiderordnung« an welchen Orten zu gelten hat. Die Polizei hat nichts zu dulden (sie ist dazu da, den Gesetzen Geltung zu verschaffen, und was Gesetz ist, bestimmt das Volk, bezogen auf Freiburg: der Souverän der Bürger dieser Stadt): Entweder, etwas ist verboten, dann hat sie einzuschreiten, oder es ist nicht verboten, dann hat sie die Leute in Ruhe zu lassen. Und öffentliche Nacktheit ist nicht verboten. - Das obrigkeitsstaatliche Denken, das sich hinter dem Begriff »Duldung« seitens der Polizei verbirgt, deutet auf ein sehr problematisches Demokratie-Verständnis.

Außerdem gibt es kein vernünftiges, schon gar kein in sich stimmiges Prinzip, wie die Orte, an denen Nacktheit »geduldet« wird, abgegrenzt werden könnten von Orten, an denen sie nicht »geduldet« wird. Die Unterscheidungen sind absolut willkürlich und rechtlich völlig unbefriedigend. Da Prüderie kein wertvolles und zu schützendes Rechtsgut ist, ist der vernünftigste Weg der, daß man das ganze Theater, das immer wieder neu um die Kleiderordnung in der Öffentlichkeit gemacht wird, abstellt und es dem einzelnen überläßt, wie er herumlaufen will. gezeichnet Dr. Peter Niehenke

Peter Niehenke sucht weiterhin die Öffentlichkeit. Der Sender SAT1 bringt einen ersten Fernsehbeitrag in der Sendung BLITZ. Im April 1999 gibt er dem »Spiegel« ein Interview. Peter Niehenke gerät durch weitere gezielte Nacktionen und durch die Anzeigen verschiedener Freiburger Bürger immer tiefer in die Mühlen der Justiz. Ein Katz- und Mausspiel beginnt: Wann ist der Mensch »in zulässiger Weise bekleidet«? Hunderte von Stunden prüft der Justizapparat, wieviel Quadratzentimeter Stoff dazu notwendig sind. Das Oberlandesgericht Karlsruhe formuliert im Mai 2000 in einem Urteil: »Der Anblick des entblößten männlichen Gliedes« sei »objektiv geeignet, Ekel, Abscheu, Schock *und Schrecken«* beim Betrachter auszulösen. Bei Peter Niehenke und vielen seiner Anhänger löst eher diese menschenverachtende Formulierung Ekel, Abscheu, Schock und Schrecken aus. Sein Kampf gegen die Behörden wird daher zunehmend militanter.

Peter Niehenke gründete schon 1999 eine Bürgerinitiative in Form eines lockeren Zusammenschlusses von Sympathisanten. Die »Bewegung« wurde »Wald-FKK« getauft. Inzwischen besuchen mehr als 1000 Interessenten täglich seine Homepage und die Zahl der mehr oder weniger regelmäßig postenden aktiven Mitglieder liegt nach Angaben von Peter bei etwa 200 bis 300. Die Wald-FKK-Bewegung setzt sich dafür ein, dass FKK »in der Natur« (speziell im Wald und auf Wanderwegen außerhalb der Innenstädte) zu einer Selbstverständlichkeit wird, ebenso wie FKK mittlerweile an fast allen Baggerseen in Deutschland eine Selbstverständlichkeit geworden ist. Die Beschränkung auf naturnahe Gebiete hat der Initiator der Bürgerinitiative bewusst gewählt, weil die Erfahrung gezeigt hat, dass die Mehrzahl der Menschen in Deutschland es (noch) irgendwie »unpassend« finden würde, wenn Menschen völlig nackt in der City der Städte spazieren gingen.

Ein »besonderes Kapitel« sind für Peter die »anonymen Sympathisanten«: Viele Menschen haben offensichtlich Angst, sich öffentlich zu den Aktivitäten dieser Bürgerinitiative zu bekennen. Nicht zuletzt natürlich, weil sie sehen, welchen Druck die Behörden den Aktivisten

machen. Das zeigt sich z.B. auch an der recht hohen Zahl an anonymen Zuschriften:

*Ich bin in Freiburg als ... recht bekannt und kann es mir leider nicht leisten, aus Solidarität mit Ihnen meinen Ruf zu gefährden. So will ich Sie wenigstens finanziell ein wenig unterstützen. (Spende)*

*Das angedrohte Berufsverbot ist tatsächlich eine Unverschämtheit. Ich würde nebenbei bemerkt auch Gefahr laufen, meinen Beamtenstatus zu verlieren. Wer weiß, aus welchen Gründen noch alles Menschen in die Psychiatrie eingewiesen werden.*

Einer Frau wurde von ihrem Arbeitgeber angedroht, dass sie ihren Job verliere (Sekretärin), wenn sie nackt mitjoggen würde.

Das Forum Waldfkk war das erste und lange Zeit das einzige Forum, auf dem gemeinsame Nackt-Wanderungen und Radtouren angekündigt und organisiert werden. Inzwischen dient das Forum hauptsächlich als Diskussionsplattform für philosophische und weltanschauliche Themen, die sich mit Intoleranz, Prüderie und juristischer Engstirnigkeit beschäftigen, Themen also, von denen die Nacktiven mittelbar und im weitesten Sinne betroffen sind. Dabei ist der Abstraktionsgrad der Erörterungen stellenweise kaum noch zu überreffen. Das soll hier keineswegs als Kritik aufgefasst werden, im Gegenteil, verschafft es doch einem gebildeten und im Argumentieren und Disputieren geübten Leser – genauso wie offensichtlich den Verfassern – durchaus eine intellektuelle Freude. Andererseits werden durch solch männlich-analytische Gehirnakrobatik Interessentinnen aus dem Forum ferngehalten. Die Frage, warum Mädchen und Frauen sich so selten im Forum zu Wort melden und auch bei den Aktionen in der Minderheit sind, lässt sich dadurch vielleicht beantworten, obwohl sicher auch noch andere Faktoren eine Rolle spielen mögen. Die meisten Frauen sind von Natur aus praktischer veranlagt und machen einfach das, was ihnen gefällt, ohne das Bedürfnis, dem einen theoretischen Unterbau und eine soziale Rechtfertigung beizugeben. So hat sich zum Beispiel eine nacktive Sympathisantin aus dem Forum mehr oder weniger verabschiedet,

> »Es gab eine Zeit, an die wir uns vielleicht gar nicht mehr erinnern, in der wir uns voller Vertrauen und Lust, uns zu zeigen, herausgewagt hatten, in der selbstverständlichen Erwartung, offenen Augen und Armen zu begegnen. Doch die Augen der anderen blickten teilnahmslos, und ihre Arme hingen tot herunter, und nachdem wir uns aus der Höhle des Geheimnisses herausgewagt hatten, schämten wir uns jetzt in den Boden.«
> Peter Schellenbaum

weil sie einfach viel lieber nackt lebt, d.h. nackt wandert, radelt und nackt Auto fährt, als darüber zu diskutieren.

Wir möchten uns ebenfalls vom Theoretisieren wieder verabschieden und der nackten Praxis zuwenden. Was machen die Nacktiven so alles nackt, wenn sie outdoor sind? Von nackt Rasen mähen, Holz hacken und gärtnern war ja schon die Rede. Auch von Renovieren und Haus abputzen. Man kann auch nackt wandern und dabei Pilze suchen oder Blaubeeren pflücken.

Nackt schwimmen, segeln und surfen sind olle Kamellen, die kaum noch jemanden hinter dem Ofen hervorlocken. Wasser und Sonne legitimieren heute schon bei den meisten Menschen das Nacktsein, ebenso fotografische Aufnahmen, insbesondere wenn es professionell aussieht, also mit Mikro, Stativ und teurer Ausrüstung. Aha, Medienleute, irgendwo müssen ja schließlich die vielen virtuellen Nackedeis auch produziert werden. Und wenn irgendwo im städtischen Park noch nackt Federball oder Frisbee gespielt wird, da drückt man schon mal alle Augen zu, insbesondere wenn die Temperaturen so hoch sind, dass man sich selber vielleicht auch ganz gerne von den lästigen Klamotten befreien würde, sich aber nur nicht traut. Aber wenn nach einer Meldung der NZZ im Hydepark eine ganze lustige Gesellschaft nackt an einer langen Tafel sitzt und speist, dann holt man doch die Bobbys, den Leuten fehlt doch was, oder?

## 3.3.
## Nackt-Menü bei Mc Donalds und Abfahrtski nackt

Im Park möchte sich dagegen Michael seinen Hamburger nicht einverleiben, er stellt sich ganz nackt mal eben brav in die Warteschlange bei Mc Donalds. Auf unseren Aufruf in WaldFkk mit der Bitte um Berichte hat er sich mit zwei originellen Beiträgen gemeldet, die wir hier zitieren wollen:

*Hallo Wolfgang und Anita, ja ich hab schon von eurem Buchprojekt gelesen. Ich dachte aber, es sei eingeschlafen. Ihr könnt den Text und die Bilder für das Buch verwenden. Ich hab das Originalbild attacht.*

*Gibt's noch andere nackte Aktivitäten, von denen ihr keine Bilder habt? Im Sommer in Griechenland surfe ich seit Jahren nackt. Weil es an vielen Stränden nicht einfach möglich ist, nackt zu baden, leihe ich mir ein Surfboard und etwas außerhalb ziehe ich die Badehose aus (und wickle sie mir um den Fuß). Ich hab zwar keine Fotos davon, aber könnte welche machen :-).*

*Oder nackt klettern (da hab ich ein paar Fotos, von vor ein paar Jahren, als ich noch jung und hübsch war). Ich hab schon 'ne Menge nackt Aktivitäten gemacht, aber meist ohne Bild. Vorletzten Samstag, zum Beispiel, bin ich nackt in ein McDonalds gegangen, hab mich brav in die Schlange gestellt und mir was bestellt. Gibt's auch keine Bilder von, aber auch das ist widerholbar.*

*Erlebnisse? Hmm, ich mache ja schon seit vielen Jahren Nacktläufe aller Art und hab auch die ein oder andere Geschichte im Waldfkk-Forum berichtet. Ich glaub literarisch ist mein Geschreibsel eher wertlos, aber inhaltlich hab ich schon einiges zu erzählen.*

*Ich bin sicher schon einigen tausend Menschen bei meinen Nacktaktivitäten begegnet, bin aber rechtlich deshalb noch nicht in Schwierigkeiten gekommen (außer bei bewusst provozierenden Aktionen in Freiburg). Einen wichtigen Grund dafür sehe ich darin, dass ich bewusst versuche nicht zu provozieren und dem Nacktlaufen die sexuelle Komponente zu nehmen.*

*Ich weiß ja nicht inwieweit Sexualität ein Thema in eurem Buch ist, aber für mich hat sich die Nacktheit fast zum »Sexkiller« entwickelt. Ich*

»In jedem Haus wachsen sie nackt und schmutzig heran zu solchen Gliedmaßen und solchen Körpern, die wir bewundern.«

Cornelius Tacitus über die germanischen Kinder

hatte vor Jahren eine leicht sexuell motivierte, exhibitionistische Tendenz. Dadurch, dass ich das völlig versucht habe auszuschalten (um nicht mit dem Gesetz in Konflikt zu kommen) ist meine Sexualität inzwischen fast negativ auf Nacktheit konditioniert. D.h. Nacktsein in der Öffentlichkeit wirkt absolut unerotisch auf mich. Die kleinste sexuelle Erregung wird (inzwischen automatisch) unterdrückt. Das war vor Jahren ganz anders. Was bleibt ist der Adrenalinkick, etwas »Abnormales« zu tun. Aber auch das hat extrem stark nachgelassen, denn durch hunderte von mehrstündigen Nacktläufen flacht auch dieser Reiz ab, denn es wird zur »Normalität«. Es gibt eigentlich kaum eine Situation, bei der ich mich schämen würde nackt zu sein. Vielmehr hindert mich die Angst vor rechtlichen oder körperlichen Konsequenzen (=verdroschen zu werden) daran, mich mehr nackt zu bewegen.

Auch Michaels Bericht übers Nacktskifahren wollen wir hier nicht vorenthalten: *Ich hatte viel Spaß beim Nacktskifahren vorletzte Woche. Das Wetter war fantastisch und ich hatte auch Gelegenheit zum Nacktskifahren. Ich war mit meinem Vater und meinem Bruder unterwegs. Mein Vater war etwas skeptisch, wie die Leute reagieren würden. Er war total erstaunt, wie positiv die Reaktionen waren (er hat's mir vorher nicht geglaubt). Wir hatten für den Fall, dass es zu Komplikationen kommt ausgemacht, dass das eine Wette sei. Erwartungsgemäß hatten einige Zuschauer eben dies vermutet (hatte ich auch vorhergesagt). Mein Vater fand das hinterher ganz toll und meinte, das sei eine tolle »Stammtischgeschichte«. Mein Bruder hätte mitgemacht, wenn wir etwa 10 Leute gewesen wären. Allein mit mir hat er sich nicht getraut. Das ist typisch - es braucht halt Trendsetter. Was wiederum ein »Beweis« ist, wie wichtig es ist, dass wir eine kritische Masse erreichen ... Am Ende bin ich hingefallen und vereister Schnee verträgt sich nicht gut mit nackter Haut. Ich hab mir 'ne unangenehme Schürfwunde zugezogen.*

## 3.4.
## Den Heidelberger Wald nacktiv verunsichert
## - Nacktjogger über ihre Erfahrungen

Schon manche Stämme der alten Griechen betrieben Sport ohne störende Kleidung, z.B. die Dorer. Aber »sich dorisch benehmen« galt schon damals als unanständig oder man machte sich lustig darüber. Aber Nacktsein kann insbesondere beim Sport motivierend und leistungssteigernd sein, man schwitzt nicht so leicht, bzw. man merkt es nicht, weil nichts da ist, was nass auf der Haut kleben kann. *»Selbst bei Temperaturen von 10 Grad und weniger ist es keineswegs unangenehm nackt zu joggen und es stärkt außerdem das Immunsystem.*

*Enge Hosen stehen im Verdacht, beim Mann die Zeugungsfähigkeit herabzusetzen. Wer damit Probleme hat, sollte es mal mit Nacktjoggen versuchen«,* rät Horst, der im Internet die Webseite www.nacktjoggen.de betreut.

Neben dem gesundheitlichen Aspekt des Nacktjoggens steht unter anderem auch der Unterhaltungswert im Vordergrund. *»Es macht schlicht und ergreifend Spaß. Joggen ohne Kleidung in freier Natur ist ein tolles Vergnügen. Außerdem ist es sehr amüsant, das weite Spektrum von Reaktionen der Passanten zu erleben.«*

Ist das nicht Exhibitionismus? Nein, meinen die Nacktjogger, *»wir verbinden keine sexuellen Motive mit unseren Aktivitäten. Genuss von uneingeschränkter Freiheit, Hinterfragen von Konventionen und Abbau von Verklemmtheit, das sind unsere Beweggründe.«*

Dass auch Nacktivistinnen bei diesem Vergnügen auf ihre Kosten kommen können, dokumentiert ein Beitrag von Nacktläufer Michael, der mit Christian, Horst und Rieke den Heidelberger Wald nacktiv verunsichert hat:

*Vor zwei Wochen habe ich mit Christian, der geschäftlich in Heidelberg war, eine ca. 1.5 stündige Tour durch den Heidelberger Wald gemacht. Heute war Christian wieder hier und hat Horst (aus Frankfurt) angespitzt auch mitzu-*

machen. Ich war am Nachmittag auf der Neckarwiese (nackt natürlich!) und habe eine Freundin gefragt, ob sie nicht Lust hat mitzugehen. Sie hatte Christian schon vor zwei Wochen kennengelernt und kannte die »Story«. Ich sagte, sie müsse ja nicht nackt laufen.

Jedenfalls sind wir dann zu viert losgezogen und an meinem normalen Kleiderversteck haben wir alle (auch Rieke), alles bis auf die Schuhe abgelegt. Das war sehr mutig, vor allem von Rieke und Horst, die zum ersten mal eine Nacktwanderung gemacht haben. Aber in der Gruppe geht es

halt viel einfacher. Da ich den Wald hier seit 15 Jahren nackt unsicher mache, habe ich im Vorfeld abgecheckt, wieviele Leute meine Mitstreiter »verkraften« würden. Ich hatte dann eine Strecke ausgewählt, bei der ich ca. 5-15 Begegnungen erwartet hätte.

Die erste halbe Stunde ist völlig ohne Begegnungen verlaufen, so dass vor allem die »neuen« sich langsam wünschten, mal die Reaktion von ein paar Passanten zu erleben. Naja, die Strecke führt über eine Straße, die durch den Wald geht und da sind einige Autos vorbeigefahren und ich glaube, dass Rieke einiges Herzklopfen hatte. Zumal auf der anderen Seite der Straße ein Auto stand, in dem ein junger Mann saß. Der hat aber nur gelächelt und den Daumen hoch gehalten. Im weiteren Verlauf sind uns dann ca. 6 Jogger und ebensoviele Mountainbike-Fahrer begegnet. Bis auf einen alten Mann, der etwas böse geschaut hat und ein paar, die ungläubig den Kopf geschüttelt haben nur positive Reaktionen. Eine Radfahrerin, die den Berg hinaufkeuchte, meinte (mit einem Lächeln): »Wie soll ich mich da konzentrieren!«. Am Ende hatten wir die Wahl, einen Holperweg zu gehen oder ca. einen Kilometer eine Waldstraße entlangzulaufen (von der ich meinte, es würden uns wahrscheinlich ca. 2 Autos begegnen). Wir entschieden uns für die Straße und es kamen genau zwei Autos vorbei, bis dann am Ende noch 3 Autos (aus zwei) Richtungen gleichzeitig auftauchten. Aber auch da ungläubige und positive Reaktionen. Wir hatten ja fast befürchtet, dass das eine Auto die Kurve nicht mehr kriegt...

Jedenfalls waren die 1.5 Stunden ein sehr schönes Erlebnis für alle. Rieke meinte, sie war etwas verkrampft, aber sie habe es genossen mit drei nackten Männern zu laufen. Horst fand auch, dass es super easy war, und er wäre auch die letzten 100 Meter zu meiner Wohnung nackt gelaufen, wenn die anderen mitgemacht hätten. Nur die arme Rieke hatte die falschen Schuhe dabei und jetzt Blasen an den Füßen.

Sie meint auch, dass das ein Erlebnis ist, das sie leider nicht mit jedem teilen könne, weil viele Leute doch zu verklemmt sind und es vielleicht in den »falschen Hals« kriegen könnten. Aber das ist eine tolle »Story«, die man zu so mancher Gelegenheit erzählen kann: nackt mit drei nackten Männern durch den Wald laufen, wieviele Frauen getrauen sich das schon?....

Danach waren wir zum Ausklang noch im Neckar (nackt) baden und sind was Gutes essen gegangen (angezogen).

»Wir lassen unsere Jugend nackt üben, damit sie sich ihrer Körper nicht zu schämen braucht.«
Solon

# 4. Nackt wandern

## 4.1.
## Wer nackt in Freuden wandern will –
## Goethe, Napoleon und Hesse waren Nacktwanderer

Nackt wandern ist eine uralte Form des Naturismus und wurde schon in dessen Frühzeit vor mehr als hundert Jahren praktiziert. Der Naturismus war noch ein wirklicher Naturismus, der in einsamen Wäldern und abgelegenen Gebirgstälern stattfand, man streifte auf einsamen Wegen und Pfaden oder durch weglose Wälder, und die Gefahr, gesehen zu werden, war fast Null. Hans Surén schreibt in »Deutsche Gymnastik« über diese Erfahrung: *»Das Schönste ist wohl eine Wanderung in Wald und Gebirge, nachdem man seine Kleidung abgelegt hat. Unerfahrene führen für etwaige Begegnung mit Fremden einen Umhang mit, Erfahrene aber werden den Wald wie ein Jäger durchstreifen, der jedes Geräusch und jeden Fremden zuerst erkennt,*

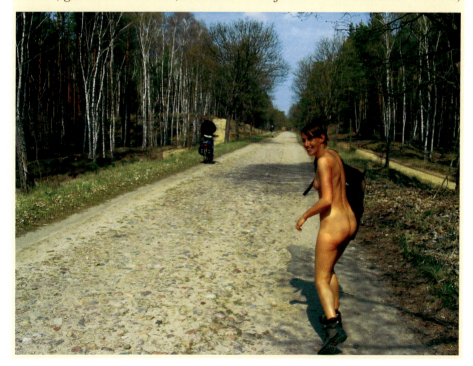

*und Zeit gewinnt, sich zu verbergen. Auf diese Weise werden die Freuden an der Natur vertieft und alle Sinne geweckt.«* Die ersten Nacktwanderungen in Gruppen wurden von Richard Ungewitter organisiert. Einer Gruppe von Nacktwanderern in einsamen Gegenden ging jeweils ein angezogener Wanderer voraus und ein anderer hinterher, um die Nackten vor einer eventuellen Begegnung zu warnen und ihnen Gelegenheit zu geben, sich mit leichter Bekleidung zu bedecken.

Sogar in der so genannten klassischen Literatur finden sich Schilderungen von »Nacktwanderungen«, wo Menschen diesem Urwunsch nachgeben, sich von allen Behinderungen zu befreien und sich nackt und bloß in die Natur zu stellen. Goethe schreibt in seinen Aufzeichnungen »Aus meinem Leben. Dichtung und Wahrheit«: *»Mein leichtes Gewand war in kurzer Zeit völlig durchnäßt; zerschlitzt war es schon, und ich säumte nicht, es mir ganz vom Leib zu reißen. Die Pantoffeln warf ich von mir, und so eine Hülle nach der andern; ja ich fand es endlich bei dem warmen Tage sehr angenehm, ein solches Strahlbad über mich ergehen zu lassen. Ganz nackt schritt ich nun gravitätisch zwischen diesen vollkommnen Gewässern einher, und dachte, mich lange so wohl befinden zu können.«*

Auch über Napoleon gibt es Berichte, dass er »splitternackt aus-

ging«. Sein Bewacher auf der Insel St. Helena, der Marquis de Montchenu, berichtet in seinen Aufzeichnungen: »*Dieser Tage gingen er und der Graf Montholon splitternackt aus. Sie gingen über den Hof und die Esplanade, wo alle Menschen sie sehen konnten, und badeten in einem großen Holzbassin im Garten. ... Und dann kehrten sie im selben Kostüm ins Haus zurück.*«

Wenig bekannt ist, dass zum Beispiel auch Hermann Hesse mit der Reformbewegung der Jahrhundertwende sympathisierte und sich in jungen Jahren im Nacktwandern in Italien übte. Als junger Mann war er Schüler Gusto Gräsers, einem der Mitbegründer der Siedlung Monte Verità im Tessin, und er wurde von diesem im Fasten, Nacktlaufen und Meditieren unterrichtet und ließ sich nackt bis zum Hals in die Erde eingraben, um die heilenden Kräfte der Natur zu spüren. Aber nach wenigen Wochen sehnte er sich wieder nach Luxus und Komfort, nach Wein und Zigarre, nach warmen Bädern und Mozartmusik.

In der Zeitschrift »Soma«, in den 20ern eines der herausragenden Spachrohre der Freikörperkulturbewegung, haben wir einen Bericht von dem Nacktwanderer Carl Nigge ausgegraben, den wir Ihnen nicht vorenthalten möchten. Er trägt den Titel »Nacktwanderungen«:

*Von frühester Kindheit war der Drang, alle lästigen Hüllen abzustreifen, in mir lebendig. Als kleiner Junge tummelte ich mich nackt mit einigen anderen Knaben in der Scheune meines Vaters, der in Schlesien Landwirt war. Als Schüler brachte ich dann in der wärmeren Jahreszeit und besonders in den Ferien – wir verreisten nicht, der Landwirt hat im Sommer mit Hochdruck zu arbeiten – alle meine freie Zeit im und am nahen Flusse zu, badend, fischend, auf den Uferwiesen spielend, immer aber ganz nackend. Bisweilen wanderte ich auch in einen nahen Wald, zog mich dort aus und versteckte sorgfältigst meine Kleider. Köstlich war es dann, so ganz nackt herumzustreifen, ein Genuß, den nur der kennt, der es auch getan.*

*Diese Streifereien, sozusagen meine ersten Nacktwanderungen, gefielen mir derartig gut, daß ich gelegentlich auch des Abends, mich im elterlichen Garten entkleidend, hinauswanderte. Die Gefahr, bei diesen Wanderungen entdeckt oder gefaßt zu werden, schreckte mich nicht, sondern erhöhte nur den Reiz. Man bedenke, daß man vor etwa 25 Jahren ja noch ganz anders der Nacktkultur gegenüber eingestellt war als heute. Ein nackter Mensch*

> »So stand er zuletzt nackt und bloß vor dem großen Gold-Rund, in dessen Mitte die Wasser des Lebens aufsprangen, hoch wie ein kristallener Baum.«
> Michael Ende

auf der Straße wäre wohl unweigerlich in ein Irrenhaus gesteckt und ein junger Bursche sicherlich exemplarisch gezüchtigt worden. Ich war mir der großen Gefahren, die ich lief, wohl bewußt, fand aber ein derartig hohes Vergnügen an diesem Sport, daß ich ihn noch viele Jahre weiter betrieb. Bemerkt sei an dieser Stelle ausdrücklich, daß nicht etwa sexuelle Erregungen das Motiv zu diesem Nacktsein bildeten, ganz im Gegenteil dürften erstere durch letzteres vielmehr zum Schweigen gebracht worden sein, und es war nur die Freude, so aller Hüllen bar Licht, Luft und Sonne auf die Haut einwirken zu lassen, die mich immer wieder zu diesen Nacktwanderungen trieb.

... Wer gern nackend geht, kann dies an der See leicht tun. Selbstredend wählt man zu diesem Vorhaben eine möglichst einsame Gegend. Wald, Dünen, Sandhaufen bieten ja immer Gelegenheit, sich bei unerwünschten Begegnungen zu verstecken, notfalls kann man natürlich auch ins Wasser gehen. An der Nordsee, zum Teil aber auch an der Ostsee, hat man ja oft viele und bisweilen sehr hohe Dünen, und es gewährt einen Reiz, sich dort bei Annäherung Fremder zu verstecken. Der nackte Mensch wird hier förmlich zum Wild und verwächst um so inniger mit der Natur. Ich habe große Nacktwanderungen, einmal

an einem Tage 56 km und immer splitternackend, gemacht, ohne dabei jemanden zu belästigen oder selbst gestört zu werden.

An der See stehen die Menschen ja dem nackten Körper viel verständnisinniger gegenüber, er findet auch für den mit der Nacktkultur noch nicht Vertrauten durch die Nähe des Meeres eine Erklärung oder Begründung und daß man selbst am ganz nackten Körper keinerlei Anstoß nimmt, habe ich sehr oft festgestellt.

Auch sonst finden sich in alten FKK-Zeitschriften kurze Berichte und Notizen von Nacktwanderungen zum Beispiel auf einsamen Bergpfaden. Es wird beschrieben, wie Familien und Ehepaare sich bekleidet auf den Weg machen, ihre Kleidung im Wald verstecken und dann den ganzen Tag nackt durch die Berge streifen. Auch in kanadischen und US-amerikanischen Zeitschriften neueren Datums haben wir Berichte von Einzel- und Gruppen-Outdoor-Wanderungen gefunden, die in den weiten und unberührten Wäldern Nordamerikas ihrem Hobby nachgehen. Ein befreundeter Naturist hat uns seine Erfahrungen als Kind geschildert, wie er sich immer geschämt habe, wenn seine Mutter sich auf Wanderungen plötzlich splitternackt auszog, ihre Kleidung im Rucksack verstaute und nur noch mit ihrem bekleideten Sohn an der Hand weitergewandert sei.

»Ihr seid ja nackich, ihr zwei!« Kommentar eines Landwirts auf einem Moped mit Anhänger

## 4.2.
## Von einem, der (sich) auszog, das Fürchten zu verlernen
### - Der britische Nacktwanderer Steve Gough

Der wohl bekannteste Nacktwanderer unserer Tage dürfte Steve Gough sein. Die Meldung seiner Nacktwanderung von Südengland bis hinauf an die Schottische Grenze ist im Jahr 2003 durch die internationale Presse gegangen. Lassen wir Steve Gough selbst berichten, WIE ES DAZU KAM.

Wie kam es dazu, dass ich mit all dem nackten Zeug in Berührung kam? Nun, wenn ich daran zurückdenke, dann wird mir klar, dass ich mich angezogen habe, wie die meisten Leute das so machen, ohne viel darüber nachzudenken: Ich hab es einfach gemacht, weil alle andern es auch so gemacht haben. (Leben ohne Bewusstsein nennt man das glaube ich!) Dann passierte was, das mir immer noch gut in Erinnerung ist, nachdem ich mal in Studland gewesen war (ein Naturistenstrand an der englischen Südküste). Ich saß da mit meiner Familie und Freunden an einem »normalen« Strand, und dann dachte ich so, warum nicht hier? So zog ich mich aus und genoss die Sonne in vollen Zügen. Die einzige Reaktion, an die ich mich erinnere – es war ein ziemlich belebter Strand – war ein Mann, der irgendwas Perverses in meine Richtung quasselte, als ich aus dem Wasser gekommen bin, vielleicht eine Erkenntnis von ihm, was für viele Menschen der nackte Körper in dieser kranken Gesellschaft bedeutet.

Meine persönliche Philosophie kreiste bald 20 Jahre lang um die Idee, wie ich »ich selbst« werden könne. Ich hab sogar T-shirts entworfen und drucken lassen mit der Aufschrift: B YOURSELF. Und das war meine Art, wie ich mit den Sachen seither umgegangen bin. Ich wollte klar kommen mit dem Konzept – to be or not to be – und die Angst verstehen lernen, die Angst, die in mir war und die mir im Weg stand.

Der Wechsel von gelegentlichem Nacktsein zu einem Mehr an Nacktsein in der Öffentlichkeit kam, als ich nach Kanada auswanderte. Ich hab nicht sofort Arbeit gefunden und ich wurde gebeten, einen Bericht über eine Wohngemeinschaft zu verfassen, wo ich gerade eingezogen war. Ich wusste, ich konnte mich gut konzentrieren, wenn ich spazieren ging, so ging ich hinaus, und es kam zu einer wunderbaren Erfahrung. Ich konnte mich nicht nur gut konzentrieren, sondern ich fühlte eine wunderbare Verbundenheit und eine große Kraft in mir, und ich war so bewegt, dass mir die Tränen kamen. Nun, du kannst dir vorstellen, dass ich nach so einer Erfahrung öfter solche Spaziergänge machte, bis ich jeden Abend loszog und sehr oft so eine Art glückseligen Zustand erlebte. Das führte mich zu der Erkenntnis, das alles ok war und zu dem natürlichen Wunsch, es in der Art auszudrücken, wie ich mein Leben führte. Eine Art von mir, mich auszudrücken war, dass ich mich in meinem Nacktsein mehr traute, mich an Seen und Strände traute, weil ich dachte, ich bin ok, und dann ist das mit meinem Körper auch ok, der gehört ja zu mir, und warum sollte ich ihn dann verstecken?

Dann passierte etwas, das meine ganze Energie speziell auf mein Nacktsein fokussierte: in der Wohngemeinschaft, in der ich lebte, zogen die Kinder oft ihre Kleider aus und rannten nackt im Innenhof herum, angestiftet von meiner Tochter, die sehr offen erzogen worden war. Ich freute mich darüber und war vielleicht ein bisschen neidisch auf ihre Freiheit. Aber kurz darauf bemerkte ich, dass manche Erwachsene sich etwas irritiert fühlten von dieser Spontaneität und sie nach

verschiedenen subtilen Vorschlägen und Kommentaren suchten, um ihre Kinder dazu zu bewegen, sich wieder anzuziehen, »in ihrem eigenen Interesse« natürlich. Das alarmierte mich total, denn ich wollte nur ihre Unschuld verteidigen, aber ich wurde mit meinen eigenen Augen Zeuge des Prozesses, wie Scham von Generation zu Generation weitergegeben wird: Erwachsene haben zu viel Angst, ihre eigenen Schamgefühle und ihr peinliches Berührtsein zu überdenken und Verantwortung dafür zu übernehmen, statt diesen Selbsthass und die Angst dazu zu benutzen, ihren Kindern Schuldgefühle aufzuladen. Je mehr ich über diesen ganzen traurigen Konditionierungsprozess nachdachte und mir immer klarer wurde über die Bedeutung, die er für meine selbst-

zerstörerischen Prozesse hatte, um so entschlossener wurde ich, mich der Angst zu stellen, die mich davon abhielt, etwas dafür zu tun: die Angst vor Ablehnung. Ich bin wie alle anderen auch: ich möchte geliebt werden. Als Kind bedeutet für uns die Anerkennung durch unsere Eltern oder anderer wichtiger Bezugspersonen so viel wie Überleben: wir tun alles, um geliebt zu werden, bis hin zur Selbstaufgabe. Als Erwachsene ist für uns die Anerkennung durch andere weniger wichtig, aber trotzdem eine der am stärksten wirksamen Kräfte. Schau dir doch einfach mal an, warum du manches tust, und du wirst feststellen, wie hoch es in der Wertskala deiner Motive steht, anderen zu gefallen. Diesen Zusammenhang hab ich bei mir sehr wohl herausgefunden, er hat mir als Maßstab gedient für meine Abhängigkeit von anderen, um mir zu bestätigen, dass ich ein menschliches Wesen bin. Es ist sicher nicht so, dass ich keine Bestätigung von anderen suche, das tue ich immer noch, aber nicht um jeden Preis. Ich habe schließlich erkannt, wenn die Worte »sei wahrhaftig mit dir selbst« etwas bedeuten sollen, dann kann man nicht herumgehen und jeden fragen »wie hättest du gern, dass ich sein soll?« Man muss es einfach tun und das Risiko eingehen, dass manche Leute nicht konform gehen, oder sich mit dem größeren Risiko abfinden, nicht mit sich selbst Eins zu sein, und je mehr ich diese Verbundenheit mit mir selbst erfahren habe, um so wichtiger ist sie in meinem Leben geworden.

Das mag für manche Leute so klingen, als ob dies eine Haltung sei, die sich nicht um andere kümmert, aber wie kann man sich um andere kümmern, wenn man sich nicht um sich selbst kümmern kann? Wenn ich nicht zu mir selbst stehen kann und all das sein kann, was ich eigentlich bin und werden kann, wie kann ich dann andern die Freiheit *geben, es ebenso zu machen? Wenn ich nicht zu mir stehe, wer will es sonst für mich tun? Meine eigene Erfahrung ist: wenn ich etwas aus einer Verpflichtung heraus tue, oder mit einem Schuldgefühl, dann ärgere ich mich über mich selbst, und das beeinträchtigt die Beziehung und zerstört vielleicht sogar die Liebe, die da war. Und wenn man sich unsere Gesellschaft ansieht, da gibt es viele Hinweise auf Ärger, den die Menschen in sich tragen, und er manifestiert sich in Wut und Zerstörung. Ich glaube, wenn ich das tue, von dem ich meine, es ist das Beste für mich, und dabei andere schädige, dann liegt der Fehler nicht darin, mich selbst an die erste Stelle zu setzen, sondern in einer Fehleinschätzung darüber, was für mich das Beste ist.*

*Also, mein nackter Aktivismus ist in erster Linie wichtig für mein Einstehen für mich selbst, ein Ausdruck meiner selbst als ein wunderbares menschliches Wesen, ein Ausdruck dafür, dass ich ok bin angesichts so viel Selbsthasses, und ich lade andere ein, mich zu begleiten, um dies zu zelebrieren, in einem Akt der Solidarität dafür, was es bedeutet, ein menschliches Wesen zu sein und sich nicht über uns selbst in unserem natürlichsten Zustand zu schämen.*

*Ja, und dann ist Steve am 7. August 2003 bei Carlisle in Südengland losmarschiert und am 22. Januar*

2004 in Nordschottland angekommen. Zwei Monate ist er gewandert, fünf Monate verbrachte er im Gefängnis. Er verstand seinen fast 1450 Kilometer langen Fußmarsch als Menschenrechtsdemonstration. Der Sinn seiner Wanderung habe darin gelegen, »den menschlichen Körper zu feiern« und die Öffentlichkeit davon abzubringen, »paranoid« auf Nacktheit zu reagieren.

Insgesamt war Steve auf seinem Marsch von der Südspitze Englands (Land's End) bis in den Norden Schottlands 16 Mal festgenommen worden. In Schottland stand er sogar zwei Mal wegen Erregung öffentlichen Ärgernisses vor Gericht, nachdem sich empörte Einwohner über ihn beklagt hatten. »Wenn Menschen heutzutage einen nackten Mann sehen, dann denken viele, er ist pädophil oder pervers«, sagt Steve. Er aber habe niemandem Schaden zugefügt und vielleicht sogar manchem Menschen zu einem normaleren Verhältnis zur Nacktheit verholfen.

Auf seinem langen Marsch hatte Steve häufig mit eisiger Kälte, Sturm und Regen zu kämpfen. Die Bevölkerung von John O'Groats bereitete ihm am Abend seiner Ankunft einen freundlichen Empfang. »Erstmal werde ich mich anziehen, richtig essen und in einem warmen Bett schlafen.«

Wir haben einige Zitate zusammengetragen, die aus verschiedenen Interviews Steve Goughs stammen und die Steve durchaus nicht in dem Licht erscheinen lassen, in dem die überwiegende Mehrheit der Presse ihn gern gesehen haben wollte:

*»Die Gesellschaft hat ein gestörtes Verhältnis zum menschlichen Körper.«*

*»Teile seines Körpers als etwas anzusehen, worüber man sich schämen muss, ist falsch.«*

*»Man denkt, es ist etwas schambesetztes und peinliches, aber wie kann etwas, in dem wir leben, peinlich sein? Solange wir kleine Kinder sind, hat man uns noch nicht dazu gebracht, so zu empfinden, aber wenn wir aufwachsen, wird es uns durch unsere Eltern beigebracht.«*

*»Die meisten Leute waren sehr freundlich und haben gesagt: Tolle Idee.«*

»Ich bin durch einige Städte gegangen, und Leute sind zu mir gekommen und mit mir gelaufen und waren sehr freundlich. Aber ich hatte auch eine ganz andere Erfahrung. Als ich in St. Ives war, hat mich ein Typ angegriffen. Ich hatte einen schweren Rucksack an und er stieß mich um und hat mich mit den Füßen getreten und eine Platzwunde musste mit vier Stichen genäht werden. Das war die extremste Reaktion, die mir passiert ist. Ich glaube, wenn man anders ist als die andern – dann glauben die Leute, sie hätten ein Recht dazu.«

»Die Menschen habe mehr Angst vor der Missbilligung anderer als davor, nicht sie selbst sein zu können.«

Auch aus dem Kreis der Nichtaktivisten überwiegen die positiven Stellungnahmen. Wir haben zwei der vielen positiven Kommentare aus Leserstimmen zu der Nacktwanderung Steve Goughs ausgesucht, die ein ungefähres Bild der Einstellung der passiven Mehrheit ergeben:

»Oh for goodnesse sake! Lasst doch den Mann in Ruhe – ich denke, es ist großartig, was er macht und ich stimme mit seinen Ideen überein, was er so über den Rest der Gesellschaft denkt, die paranoid ist hinsichtlich Nacktsein.« (Bonita Glanville Morris, UK)

Oder: »Es scheint so, der Gentleman liebt nur die Freiheit der frischen Luft an seinem Körper. Wenn jemand ihn zufällig durch die Landschaft wandern sieht – und er mag das nicht, was er da sieht, dann sollte er in eine andere Richtung schauen!!!« (Margit Feil-Chester, UK)

Wir wollen jedoch nicht verschweigen, dass sich darunter auch etwa 10 bis 20 % negative Stimmen befinden, die jedoch wegen ihres in der Regel emotional-proletarischen Charakters kaum zum Abdruck geeignet sind. Das Reizwort überhaupt ist hier das Wort Exhibitionismus. Die meisten Menschen können offensichtlich nicht zwischen der Natürlichkeit eines nackten Menschen und einem krankhaften Exhibitionismus unterscheiden.

## 4.3.
## Vierunddreißig Nackte tanzen auf dem Vulkan
## – Eine »Großveranstaltung« in der Eifel

Das Erscheinen eines Einzelwanderers mag mitunter exhibitionistische Befürchtungen wecken, auf diese Idee wird beim Auftreten von 34 Nackten so schnell niemand kommen. So geschehen an einem wunderschönen Augustsonntag 2004, als sich 34 Nacktive zu einer gemeinsamen Eifel-Wanderung trafen. Wegen der doch sehr ungewöhnlichen Erscheinung von geballter Nacktheit auf deutschen Wanderwegen verteilte der Organisator ein Faltblatt, um ahnungslose Wanderer über die Hinter- und Beweggründe dieser Menschen zu informieren:

*Nackt wandern? Ähh – was ist das denn? Im Grunde ist es keine neue Idee: Die Ursprünge des Nacktwanderns gehen auf den Beginn des letzten Jahrhunderts zurück, als die ersten FKK-Pioniere - getragen von einem romantischen Naturverständnis – bei ihren Wanderungen auf einengende Kleidung verzichteten. In neuerer Zeit bilden die Badenden an den so genannten ›wilden‹ FKK-Seen und teilweise auch die in Vereinen organisierten FKK-Fans die wichtigste Gruppe der Nacktwanderer.*

*Warum nackt wandern?: Einfache Frage – einfache Antwort: Als Natursportart ist das Nacktwandern auch heute noch in besonderer Weise geeignet, Natur auf unmittelbare Art und Weise zu erleben. Der Ver-*

zicht auf unpraktische Kleidung ermöglicht den direkten Kontakt mit Wind, Sonne und Temperatur. Einige von uns verzichten auch auf hinderliches Schuhwerk. Zuweilen werden selbst längere Strecken von uns erwandert, wobei wir unsere Nacktheit nicht als Provokation, sondern als sinnvolle Ergänzung des Wanderns verstehen.

Wo nackt wandern? Wir wandern bevorzugt auf weniger frequentierten Wegen und in kleinen Gruppen. Als Wandergebiete sind alle öffentlich zugängliche, landschaftlich schöne und mit abwechslungsreicher Vegetation versehene Gebiete geeignet. So werden unter Anderem regelmäßig Nacktwanderungen im Rothaargebirge, dem Spessart, der Eifel und den Schweizer Alpen veranstaltet.

Gibt es denn da keine Probleme? Bei zufälligen Begegnungen mit anderen Wanderern treffen wir gelegentlich auf erstaunte, aber durchweg positive Reaktionen. Dies wird bestätigt durch Presseveröffentlichungen, in denen vom sozialen Frieden zwischen Unbekleideten und Bekleideten auch an nicht ausdrücklich für FKK vorgesehenen Orten berichtet wird.

Mach mit! Wenn auch du die freie Bewegung in nahezu unberührter Natur erleben willst, dann bist du recht herzlich eingeladen, dich uns anzuschließen und mitzuwandern.

Das haben wir getan. Hier unser Eigenbericht: Der Tanz auf dem Vulkan – Bericht über eine Nackt-

Lieber nackt als gar nix an!

wanderung mit 34 Teilnehmern:
 Für den 1. August 2004 ist im Internet in »WaldFKK« eine Nacktwanderung in der Eifel angekündigt. Wir haben uns per e-mail angemeldet und bekommen die genauen Daten ebenfalls per mail. Wir treffen uns alle auf einem privat organisierten Naturisten-Camp, das seit zwei Jahren im Hochsommer in der Voreifel stattfindet.
 Wir sind frühzeitig auf dem Camp. Einen Teil der Teilnehmer kennen wir schon persönlich von mehreren Besuchen auf dem Naturistencamp oder vom Internet. Insbesondere mit der Halb-Australierin Julie haben wir uns schon etwas befreundet und wir vereinbaren, zu dritt in ihrem Auto zu dem vorgesehenen Parkplatz zu fahren, der als Startpunkt für die Wanderung vorgesehen ist. Die Anfahrt dorthin soll in einer Wagenkolonne erfolgen. Die ersten steigen schon in ihre PKWs, die meisten leicht bekleidet, manche mit umgebundenem Handtuch, manche nackt, so wie wir. Ich sitze hinten, Julie und Anita auf den Vordersitzen.
 Julie schaltet ihr Navigationssystem an, falls wir doch die anderen aus den Augen verlieren. Bis zu dem vereinbarten Treffpunkt sind es etwa 60 km und wir haben fast eine Stunde Zeit, uns ausführlich zu unterhalten. Julie erzählt aus ihrem Leben, wie sie auf einem kleinen

Dorf in Deutschland aufgewachsen ist. Sie hat eine sehr ungezwungene Kindheit erlebt, Kleidung war ihr immer schon lästig. Sie besitzt vier lockere Kleider und zwei Unterhosen, die sie aber fast nie braucht. Im Auto fährt sie immer nackt, auf dem Rücksitz liegt ein Kleid bereit. Wenn sie irgendwo in der Stadt etwas erledigen muss, steigt sie nackt aus und zieht ihr Kleid im Stehen neben dem Auto an. Sich im Auto anzuziehen ist ihr zu unpraktisch. Sie hat noch nie deswegen Ärger bekommen, im Gegenteil, die meisten sind freundlich, begeistert oder neutral. Ihr ist es egal, wie die Menschen reagieren. Bekommt sie Beifall, grüßt sie freundlich oder winkt, sonst schaut sie nicht hin, wie die Reaktion ist. Für sie ist es zum Alltag geworden, immer nackt zu sein. Das enthebt sie auch aller Sorgen, was ziehe ich an? Nichts! Nun ja, fast nichts, bei der Arbeit hat sie ein Kleid an, aber barfuß ist sie immer.

Den deutschen Winter verbringt sie so weit möglich in Australien. Sie hat einen gut bezahlten Job bei einer australischen Firma mit deutschen Niederlassungen, und die Flüge zwischen Australien und Deutschland sind Geschäftsreisen. Auch in Australien ist sie immer nackt. Sie hat den australischen Kontinent schon siebzehn mal nackt durchquert, natürlich in den Outbacks. In den Städten ist Nacktsein genausowenig erwünscht wie bei uns. Aber sie

kennt kleine Dörfer oder Ansiedlungen weit ab jeglicher »Zivilisation«, in denen viele Menschen auch nackt im Dorf herumlaufen, keine Aborigines, sondern eingewanderte Europäer.

Mit den Aborigines hat sie inzwischen viele Kontakte geknüpft und sie kennt Stämme, die überhaupt noch nicht mit der Zivilisation in Berührung gekommen sind, die auch noch völlig nackt leben.

Wenn das Wetter es zulässt, geht Julie jeden Tag nach Feierabend nur mit ihrem Stab bek(g)leid(t)et wandern. Die Bauern in ihrer Umgebung kennen sie schon und geben ihr manchmal etwas Obst. Aber mangels Unterbringungsmöglichkeit kann sie immer nur eine Handvoll annehmen, ein kleiner Schwatz über die Ernte und das Wetter, und dann geht es weiter. Dass sie nackt ist, ist kein Gesprächsgegenstand. Eine Bäuerin hat sie schon mal gefragt, ob sie auch mal mit ihr wandern dürfe. Kürzlich sei ihr eine nackte Radfahrerin begegnet, die sich offenbar durch ihre Nacktwanderung ermutigt gefühlt hatte. Im Durchschnitt geht sie jeden Tag 20 Kilometer, an den freien Wochenenden 50 Kilometer.

Ihre Wanderungen plant sie mit ihrem Navigationssystem. 3000 Euro hat es gekostet, das modernste System auf dem Markt. Sie braucht es insbesondere für Australien, um sich nicht in den Outbacks zu ver- laufen. Aber auch in Deutschland leistet es ihr gute Dienste und leitet sie auf den schönsten Wegen durch Wald und Wiese. Und jetzt leitet es uns über die Autobahn nach Nieder- zissen. Ein Stau auf der Autobahn gibt anderen Autofahrern Gelegen- heit, uns zu registrieren. Ein Cabrio- fahrer hupt und winkt, wir winken zurück. Julie trinkt noch ausgiebig aus ihrer Wasserflasche, damit sie

nachher nichts mitnehmen muss.
　Dann kommen wir an dem vereinbarten Treffpunkt, einem Wanderparkplatz, an. Die meisten Teilnehmer tragen Schuhe und einen kleinen Rucksack; Julie ist barfuß, hat ihren Autoschlüssel an einer Schnur um den Hals und einen Bambusstab in der Hand. Am oberen Ende hat sie für alle Fälle eine Unterhose um den Stab gewickelt und im letzten hohlen Segment befinden sich 50 Euro und die Kopie ihres Personalausweises. Michael, unser Führer und Organisator, zählt 34 Teilnehmer: Bisheriger Rekord in der Geschichte des modernen Nacktwanderns. Auch der Frauenanteil ist im Vergleich zu anderen Wanderungen relativ hoch, auf zwei Männer kommt etwa eine Frau, auch viele Kinder sind dabei. Manche »alleinstehende« Männer

haben ihre Frauen gezwungenermaßen zu Hause gelassen: sie teilen das Hobby ihrer Männer nicht.

Die ersten »Textilwanderer« begegnen uns schon auf dem Parkplatz, manche schauen verdutzt, aber die erdrückende Mehrheit der Nackten lässt gar nicht erst die Frage aufkommen, ob so etwas erlaubt oder erwünscht ist, es ist einfach so. Der Schutz der Gruppe lässt das Nacktsein als völlig selbstverständlich erscheinen. Es ist eher komisch, dass andere etwas anhaben. Es ist doch so heiß, bestimmt über 30 Grad, es gibt nicht den geringsten Grund, sich etwas anzuziehen.

Ich gehe wie einige andere Teilnehmer ebenfalls barfuß, noch sind die Wege relativ fußfreundlich. Anita und ich teilen uns einen Rucksack mit etwas Essen und Getränken und zwei Paar Schuhen. Michael führt uns zwischen hochsommerlichen Feldern und Wiesen zu einem Vulkansee in der Eifel. Das ideale Wetter hat noch andere Wanderer motiviert, in dieser einzigartigen Landschaft Erholung zu suchen. Plötzlich biegt eine textile Wandergruppe auf unsere vorgesehene Marschrichtung ein, etwa so viele Menschen wie wir selbst. Eine sanfte Konfrontation: nein Leute, ihr seht keine Fata Morgana, ihr seht richtig, hier wandern 34 Leute wie ihr, nur eben nackt.

Ohne weitere Vorkommnisse ist die

Begegnung überstanden, man grüßt freundlich, erntet einige befremdete und verunsicherte Blicke. Aber nackt sein ist normal, das lässt sich durch unser geballtes Auftreten nicht leugnen. Michael, der an der Spitze unserer Gruppe geht, verteilt an Entgegenkommende einen kleinen Flyer. In diesem stellt sich die Gruppe als Naturisten vor, die nicht provozieren wollen, sondern um Verständnis bitten. Vielleicht fühlt sich jemand sogar animiert zur Nachahmung? Negative Erfahrungen haben wir jedenfalls nicht gemacht, eher amüsierte oder freundliche Blicke geerntet.

Nach zwei kurzen Pausen für Fotoaktionen und einer längeren an unserem Zielort nahe dem Vulkansee macht sich die Gruppe auf den Heimweg. Nach etwa 3 Stunden Gehzeit auf zum Teil sehr steinigen Wegen muss ich dann doch auf meine Schuhe zurückgreifen. Julie geht unbeirrt den ganzen Weg barfuß und lächelt nur über uns und unsere empfindlichen Fußsohlen. Dann treffen allmählich alle auf dem Parkplatz ein, und die meisten fahren zurück zum Camp, manche auch direkt nach Hause. Am Abend wird die erfolgreiche und erholsame Wanderung am Lagerfeuer gefeiert, mit Grillen und langen Gesprächen und Erfahrungsaustausch bis in die tiefe Nacht.

# 5. Nackt radeln

## 5.1.
### »Wir wollen nur genießen«
### - Warum T-Inschinierinnen nackt radeln

Erinnern wir uns an die Meldung des Main-Echos vom 24. August 2004. Eine Woche später erscheint dort eine weitere Meldung die acht Nacktradler betreffend. Dort wird der Sprecher der Alzenauer Polizei zitiert, nach dessen Aussage empörte Bürger die Polizei zwar verständigt, aber keine Anzeige gegen die Radler erstattet hätten. Trotzdem meint der Polizeisprecher auf Anfrage der Zeitung.: »Wir können das nicht dulden, schon wegen der Kinder nicht«. Die Polizei habe deshalb die Personalien der acht nackten Radfahrer an die Ordnungswidrigkeitenstelle des Aschaffenburger Landratsamts weitergeleitet. Inzwischen wurde von dort gegen alle acht Radler ein Bußgeld verhängt. Einige der Betroffenen werden nach deren Aussage Widerspruch einlegen. Ein Bürger fragt in einem Brief an die Zeitung: »Sollte sich die Polizei nicht besser um wichtigere Dinge kümmern?«

In der Einschätzung der Polizei scheint in der Tat ein Anachronismus zu liegen. Landesweit wird an Baggerseen nackt gebadet und an jedem Zeitungskiosk ist viel nackte Haut zu sehen. Aber wenn irgendwo nackte Radler oder Wanderer auftauchen, dann gibt es immer noch Gegenden, wo Bürger, Ordnungs-

kräfte und Richter meinen, sich dagegen wehren zu müssen.

Die Redaktion des Main-Echos hatte deshalb über die rechtliche Seite des »Freikörperradelns« den Leitenden Oberstaatsanwalt am Landgericht Aschaffenburg befragt. Offenbar hatte es zunächst geheißen, dass sich die nackten Radler wegen »Erregung öffentlichen Ärgernisses« verantworten müssten. Voraussetzung dafür wäre laut § 183 a des Strafgesetzbuches, dass sie »öffentlich sexuelle Handlungen« vorgenommen haben. *»Ist es wirklich eine sexuelle Handlung, wenn jemand nackt durch die Fluren radelt?« »Nacktfahren kann eine sexuelle Handlung sein«*, so der Oberstaatsanwalt. Da jedoch keine Anzeige erstattet wurde, konnte dieser Paragraf nicht angewendet werden.

Man sah offenbar eine »Belästigung der Allgemeinheit« als gegeben an, die nach § 118 des Ordnungswidrigkeitengesetzes ein Bußgeld für den vorsieht, der »eine grob ungehörige Handlung vornimmt, die geeignet ist, die Allgemeinheit zu belästigen oder zu gefährden und die öffentliche Ordnung zu beeinträchtigen«.

Wir fanden die drei Berichte im Main-Echo sehr informativ und aufschlussreich und wollten sie unseren Lesern gern ungekürzt zur Kenntnis geben. Auf unsere Anfrage nach Abdruckerlaubnis teilte uns der Chefredakteur sehr betont mit, dass

er uns »... *ausdrücklich nicht die Erlaubnis zum Abdruck*« erteile. Wir fragten uns nach den Gründen einer solchen überraschenden Ablehnung. War es das schlechte Gewissen, weil man ohne Zustimmung den vollen Namen und genauen Wohnort eines der Nacktradler veröffentlicht hatte, oder möchte man sich nicht als hinterwäldlerisch outen? Denn dort in der Provinz werden offensichtlich noch ganz andere Maßstäbe angelegt als z.B. im östlichen Belzig bei Berlin, wo der Leiter der Kripo schon im Jahr 2000 zu dem Nacktwanderer Hans-Friedrich sagte, dass FKK im Wald nicht zu beanstanden sei.

Als Ergänzung zu dieser Meldung hier der Erlebnisbericht der besagten Fahrt von Nacktradler Hans, wie er in »waldfkk« zu lesen war:

*Polizei Alzenau und die Nacktradler, Erlebnisbericht, Beitrag von Hans:*

*Am Sonntag, den 22.08.04 starteten wir fröhlich mit 11 Teilnehmern, drei Frauen waren auch dabei, die erste Main-Nackt-Radtour in Steinheim bei Hanau am Main. Wir befuhren den Main-Radweg bei herrlichem Wetter, badeten im Main, überquerten an einer Schleuse den Fluß, um dann an der Kahl entlang in den Spessart zu radeln... Dabei passierten wir die Landesgrenze zwischen Hessen und Bayern. Nach einer Rast an einem der Seen im Kahltal passierten wir* nach etwa drei Stunden Nacktradel-Event den Ort Alzenau. Wir blieben auf dem etwas unterhalb des Ortes liegenden Radweg und wurden von allen Passanten, Radfahrern, Wanderern und Spaziergängern freundlich, zum Teil belustigt begrüßt. Auch Kinder lachten, fragten ihre Eltern. Niemand war entsetzt.

Doch plötzlich sahen wir in 400 m Entfernung einen Polizeiwagen von der Straße auf unseren Radweg abbiegen. Sie hielten an und warteten bis wir in ihrer Höhe waren, dann stieg Polizist und Polizistin aus. Hans war als erster dran: »Was machen Sie denn hier?« »Radfahren«. »So?« »Ja, warum nicht?« »So geht das hier nicht, bitte ziehen Sie sich sofort etwas an!«

Es ging dann weiter, Ausweiskontrolle, die junge versteinerte Polizistin setzte sich in den Polizeiwagen und telefonierte die Ausweise ab, fertigte eine Liste mit Namen und Adressen an und fragte anschließend jeden nach seinem Beruf, PLZ und Telefonnummer.

Als die Polizistin nach den Berufen fragte, sagte ein Teilnehmer »Manager im IT-Engineering Bereich« und sie schrieb T-Inschinier. Süß, oder?

Inzwischen traf von hinten auf dem Radweg kommend ein ziviler dunkler Audi mit dem Polizeichef nebst Polizeichauffeur (wie wir inzwischen anhand der Sterne ermitteln konnten, Polizeioberkommissar) ein, die dann ebenfalls die üblichen Fragen nach dem Warum und vor

allem nach dem »Warum ausgerechnet hier!?« stellten. Das gipfelte in: dass wir Außerhalb so fahren dürfen, aber nicht »hier«, wobei sie uns nicht antworten konnten, wo die Grenze hierfür ist. Gesagt haben sie auch, dass wir in Hessen so fahren könnten. O-Ton: »Ziehen Sie sich hier was an, in Hessen können Sie ja wieder fahren, wie Sie wollen«.

Ja und dann kam noch die Spitze: Die Polizistin fragte mich plötzlich, was ich in meiner Fahrradtasche habe. Ob ich da evtl. was »Verbotenes« drin hätte. Ich fragte, was sie damit meint, was das sein könnte. »Ja Waffen, Messer, Drogen oder so!« Ach ja, entgegnete ich, ein Messer habe ich immer dabei, ein Leathermans. Aber ich glaube nicht, daß das verboten ist. (Wir hatten damit kurz zuvor mächtig viel Gemüse geschnitten) Als ich in der Tasche kramte, griff sie an meiner Hand vorbei in meine Tasche und holte das natürlich zusammengeklappte Leathermans-Kombiwerkzeug hervor. Dabei fragte sie: »Ist das evtl. beidseitig geschliffen?« Ein Kombiwerkzeug!! Ich denke, dass das mal zumindest eine Nötigung und/oder Amtsanmaßung war.

Als alles durchstanden war, setzen wir die Tour – jetzt bekleidet – fort, um am Wendepunkt der Tour in einem Gartenlokal einzukehren. Nach einer gemütlichen Pause ging es dann wieder auf den Rückweg.

Was wir aber trotz allem noch unbedingt erwähnen wollen:

1. waren die Beamten doch recht freundlich (bis auf die verbissene Dame)

2. haben sie nicht behauptet, dass

*das, was wir taten, verboten sei!*
3. Einer sprach sogar vom Unterschied seiner privaten und dienstlichen Meinung.

Inzwischen wurde der Vorfall schon in der Zeitung »Main Echo« und auch in Radiosendern erwähnt. Es grüßt der nackige Hans.

Hans ist schon seit 20 Jahren begeisterter Naturist und arbeitet auch nackt in seinem Garten. Er und seine Frau Ulla sind eine bekannte Erscheinung rund um Frankfurt. Sie fahren schon seit Jahren nackt auf öffentlichen Wegen. Anstoß hat noch niemand daran genommen, und Probleme mit der Polizei hatten sie bis dato auch nicht. In einem Interview in RTL geben sie Auskunft über ihr ausgefallenes Hobby. Für sie ist das Nacktsein nichts besonderes. *»Ich schäme mich auch nicht, ich finde, wir sehen irgendwo alle gleich aus, der eine ein bisschen schöner, der andere sein bisschen weniger schön, aber ich muss sagen, wenn man es so lange praktiziert, das Nacktsein, dann sieht man auch nicht mehr Negatives oder ..., es ist uninteressant«*, sagt Ulla. *»Wir vermeiden es eigentlich auch, durch sehr öffentliche Straßen zu fahren, das machen wir nicht, also im Wald, wo wir wissen: da ist nicht allzuviel Publikumsverkehr, also das ist ja auch nicht unser Bestreben, da irgendwie aufzufallen, das möchten wir nicht.«*

*»Wir machen das nicht, um aufzufallen, sondern wir machen das, weils uns gut gefällt; es müsste überhaupt kein Mensch da sein, das wäre das Schönste. Aber man kann ja nicht alle Leute aus dem Wald verbannen, nur weil wir nackt Radfahren; andersherum, naja, die müssen ja auch nicht hingucken, sag ich immer.«* Auf den Waldwegen rund um Frankfurt hat man sich schon an den Anblick der beiden Nackten gewöhnt, nur Ortsfremde wundern sich noch. *»Die Männer pfeifen dann schon mal, aber ja, mehr Aufmerksamkeit erregt glaube ich eine Frau auf dem Fahrrad als ein Mann auf dem Fahrrad.«*

Auf die Frage, wie lange sie noch nackt Rad fahren wollen, gibt Hans zur Antwort: *»Solange wie wirs Gleichgewicht halten können. Mit Stützrädern fahr ich dann nicht mehr nackt.«*

Am Schluss des Interviews gibt die Moderatorin ein Statement ab: *Verbieten kann man es den beiden nicht, denn ein Gesetz gegen Nacktfahren im Straßenverkehr, das gibt es bis heute nicht.*

Das lässt vielen Nacktradlern das Herz höher schlagen. Und andernorts singen die Nacktiven auch schon mal ein Loblied auf die Polizei, so Jochen aus Pforzheim, dem die dortigen Beamten auf sein Nacktradeln im Wald hin erklärten: *»Wir können es Ihnen nicht verbieten, gehen Sie Ihres Weges.«*

## 5.2.
## Nacktradel-Tom
### – Ein Anfänger »entfaltet« sich

Durch Internet-Foren wie WaldFkk und Nacktradeln.de erhalten besonders auch Newcomer, die sich für Möglichkeiten der Betätigung als Nacktive interessieren, Ratschläge und »moralische« Unterstützung. Gilt es doch Ängste abzubauen und besonders mit Vorbehalten gegenüber den eigenen Wünschen klar zu kommen, besonders dem Umstand, dass der Wunsch nach nackter Betätigung in der Natur keineswegs etwas Abartiges und Abwegiges ist. Wenn man merkt, dass es durchaus Gleichgesinnte mit ähnlichen Bedürfnissen gibt, macht das Mut, der Verwirklichung der eigenen Wünsche ein stückweit näher zu rücken. Auch Tom ist einer, der durch die Unterstützung Gleichgesinnter im Internet die Möglichkeit zu persönlicher »Entfaltung« wahrgenommen hat und so zu einer echten Lebensbereicherung gelangt ist. Hier sind seine Berichte:

Erster Erfahrungsbericht zum Thema »Nude Biking«:

*Nachdem ich durch Zufall diese Seite gefunden habe, wollte ich nun auch einmal durch Schilderung eigener Erfahrung etwas zum Thema beitragen. Ich finde das Gefühl, sich ohne störende Kleidung im Freien zu bewegen schon seit vielen Jahren äußerst reizvoll. Dabei geht es mir nicht einmal um sexuelle Aspekte. Es ist irgendwie einfach der Reiz, dort draußen nackt zu sein, wo die gesellschaftlichen Zwänge Kleidung »vorschreiben«. Angefangen hab ich vor einigen Jahren damit, mich einfach mal nach Einbruch der Dunkelheit auf einem abgelegenen Parkplatz, Feldweg oder menschenleeren Park zu entblättern und ein wenig herumzulaufen. Mit der Zeit wurde das aber irgendwie zu langweilig und ich suchte neue Herausforderungen - sprich: Orte. Dann gab es aber einmal eine Situation, dass ich (es war schon dunkel) mich vor herannahenden Passanten mit einem Sprung in die Büsche rettete und versteckte. Da kam ich dann irgendwann auf die Idee, dass man bei Nacktausflügen besser schnell und mobil sein sollte. Das Auto fällt weg, da es bestimmt den einen oder anderen Idioten gibt, der mit dem Kennzeichen zur Polizei rennt und Anzeige wegen »Erregung öffentlichen Ärgernisses« erstattet. So kam ich also auf die Idee mit dem Rad, denn da kann man auch die Kleidung prima an einer Lenker- oder Satteltasche mit sich führen und bei Bedarf schnell wieder anlegen. Schade, dass weibliche Nacktheit gesellschaftlich so akzeptiert ist - und männliche dagegen leider nicht. Eine Frau, die nackt Rad fährt, würde wahrscheinlich Begeisterung und wohlmeinende Blicke und Pfiffe auslösen. Schließlich blitzen uns ja auf jedem 2. Werbeplakat mehr oder weniger bekleidete Frauen entgegen. Bei einem nackten Mann denken die meisten doch eher »Perverser«, »Exhibitionist« oder gar »Kinderschänder«.*

*Naja, vorgestern, so gegen 23.00 hielt es mich nicht länger und ich schnappte mir mein Bike, Short und T-shirt und fuhr los. Irgendwie brauchte es eine Zeit, bis ich mich so wohlfühlte, schon mal das Shirt auszuziehen. Und irgendwann war die Hose dann auch weg und ich fuhr nackich am Rheinufer entlang. Aber an der stadtabgewandten, menschenleeren und eher unbeleuchteten Seite. Also mehr oder weniger nur im Licht der Sterne ...mit der Zeit werde ich dann mutiger. Die Rheinbrücke überquerte ich bekleidet, denn dort ist mir zuviel Autoverkehr. Aber dann an der Rheinpromenade war ich wieder »komplett ohne«. Dort saßen einige Grüppchen junger Leute auf den Wiesen und den Bänken. Reaktionen = null. Die meisten haben mich wohl auch gar nicht gesehen, denn in der Dunkelheit ist ein Radfahrer, der in ca. 50 - 75 m vorbeirauscht auch eher ein*

kleiner dunkler Punkt am Horizont. Nur einmal sah ich, dass mich ein junger Mann schon in ca. 30 - 50 m neugierig anstarrte und den Kopf dann nach mir drehte, als ich in ca. 5 m Entfernung an ihm vorbeiradelte. Ich glaube aber, dass er sich gar nicht sicher war, was er da im schwachen Licht der Laternen gesehen hat. Ich muss zugeben, dass es ein wenig kribbelte und ich wunderte mich schon sehr über mich selbst, denn exhibitionistische Neigungen sind mir doch eher fremd. Da war ich dann so mutig, dass ich noch durch den angrenzenden Park fuhr. Das war sehr mutig. Und dumm, denn ich hatte ganz vergessen, dass gerade dieser Park nächtlicher Treffpunkt der »Jungs vom anderen Ufer« ist. Okay, dachte ich mir, die Schwulen sind mit sich beschäftigt und wenn mich einer sieht? Auch egal... solange keiner von denen Hundertmeter-Sprinter ist, bin ich mit meinen 27 Gängen schneller um die Ecke, als die gucken können. Ging auch alles ganz gut. Ich habe dann doch eher die abseits liegenden Wege gewählt. Am Ende noch schnell durch eine lichtdurchflutete Fußgängerunterführung - sozusagen als abschließende Mutprobe. Da latschte nur ein Tippelbruder rum, der gar nichts mitbekommen hat.

Aber dann bemerkte ich auf einmal, dass ein Radfahrer hinter mir war. Zufall, dachte ich mir und bog ab. Mist! Der Kerl folgte mir in ca. 30 m Abstand. Ich trat in die Pedale. Er zog auch an. Da wurd es mir zu bunt und ich gab Gas und bog schnell in die nächste Abbiegung ab. Er folgte mir nicht mehr, aber ich hörte ihn irgendwas auf Türkisch (oder einer anderen Sprache) rufen. Danach bekleidete ich mich in einer abgelegenen Ecke und fuhr nach Hause.

Einerseits ist da der Gedanke: »Mensch, das war Nervenkitzel. Ich hör mit dem Scheiss auf.« Andererseits merke ich schon, wie es mich bei diesem schönen Wetter schon wieder juckt, das Rad rauszuholen. Vielleicht stimmt es aber auch, dass man eher nachts solche negativen Reaktionen zu befürchten hat. Denn wer schon nachts nackt durch einen Park radelt, der scheint ja was im Schilde zu führen. Das leuchtet mir ein. Und es ist vielleicht auch einfacher bei Sonnenschein und Wärme die »Hüllenlosigkeit« auf dem Rad zu begründen. Aber für den Einsteiger ist der Schutz der Dunkelheit vielleicht doch der bessere Einstieg. Es kommt eben auf die richtige Wahl der Örtlichkeit an. Im Moment bin ich aber noch nicht so weit, dass ich mich traue tagsüber nackt zu radeln. Mal sehen, ich kenne ein paar einsame Ecken am Rhein, an denen man sich auch hüllenlos sonnen kann. Vielleicht wage ich dort mal einen Versuch ... Wäre

natürlich einfacher, wenn man gleichgesinnte Begleitung hätte. Da würde man sich sicherer fühlen... keep on riding... Tom

Zweiter Bericht, ... nun auch bei Tageslicht!

*Es ist geschafft: ich habe meine erste Nacktradel-Tour bei strahlendem Sonnenschein durchgeführt. Zwar nur eine kurze Strecke, aber immerhin. Ich bin heute Mittag in meiner Mittagspause kurz aus dem Büro abgehauen und habe meine erste Fahrt bei Tageslicht durchgeführt. Ort: weitläufige Felder und Wiesen in Uni-Nähe. Ich war supernervös. Das Rad hatte ich auf dem Dachgepäckträger. Ab zu einem großen Parkplatz in der Nähe. Im Auto dann schnell das Büro-Outfit gegen Short und T-shirt getauscht. Auf Schuhe hab ich bei dem Wetter gleich verzichtet. Ich bin dann erst mal ein paar Minuten ohne T-shirt rumgefahren und die Gegend erkundet. Mein Horror wäre, nackt zu radeln, um die Ecke zu fahren und dann plötzlich auf einem belebten Platz zu stehen und in die Augen von hunderten von Passanten zu sehen. So mutig wie Rainer bin ich eben noch nicht.*

*Ich habe einige Zeit gezögert, doch dann fiel die Hose. Ab damit in die Satteltasche. Und los gings... Ich bin ca. 400 m weit gekommen, da saß der erste Ausflügler auf einer Bank*

und las in Ruhe seine Zeitung. Sein Rad hinter sich geparkt, saß er da - mit dem Rücken zu mir und dem Radweg. Keine Reaktion, hat nicht mal aufgesehen.

Ich fuhr ca. einen Kilometer mutterseelenallein durch die Natur. Dazu knapp 30 Grad. Warmer Wind, herrlich!!

Dann hab ich mich selbst auf einer Wiese niedergelassen und mich ein wenig gesonnt. War aber echt zu warm. Und schnell auch zu langweilig. Also wieder rauf aufs Rad, denn die Mittagspause dauert ja nicht ewig.

Auf meinem Weg zurück zum Auto sah ich gut 100 m vor mir eine junge korpulente Mutter mit Kinderwagen. Nanu, dachte ich noch, wer schiebt denn einen Kinderwagen über einen holprigen Feldweg?? Sie sah mich schon, aber blieb cool. Als ich direkt vor ihr war, schaute sie kurz auf und lächelte. Ich war baff. Damit hatte ich nicht gerechnet. Kaum hatte ich diese Begegnung verdaut, sah ich gerade mal 20 m weiter eine Dame mittleren Alters mit großem Hund kommen. Auwei, Hund! Ich bin ja selbst Hundefreund, aber freilaufende große Hunde? Nicht, dass der Halter da angesichts eines nackten Radlers mal eben »Fass Hektor! Hol dir das Würstchen!« ruft. Aber nichts da! Sie blieb stehen, hielt ihren Hund am Halsband fest und ließ mich passieren. Kein Kommentar von ihr. Sie lächelte aber auch nicht, keine Regung zu sehen. Es war so, als wäre ich bekleidet gewesen. Jetzt ging es Schlag auf Schlag: weiter hinten sah ich eine Gruppe Studenten an der Lichtung. Das war der Punkt, wo ich beschloss, mein Glück fürs erste mal nicht weiter herauszufordern. Ich hielt an, setzte mich ins Gras und zog mich an. Iiieeeh! Ein blödes Gefühl, diese warmen stickigen Klamotten am Körper, wo es doch vorher so schön luftig war. Die Studenten haben es von dahinten wohl nicht gesehen. Zumindest sah ich keine Regung, als ich vorbeifuhr.

Ich bin dann zurück zum Auto und leider wieder ins Büro gefahren. Schade, ich hätte stundenlang so weiterfahren können. Das witzige ist: nach den ersten paar Begegnungen, bei denen die Mitmenschen nicht oder nur wenig reagieren, schwindet das »unangenehme« Gefühl. Zum Schluss hatte ich das Gefühl, nackt Rad zu fahren und dabei auch Passanten zu treffen sei das normalste der Welt. Es kommt - wie Rainer in seinen Berichten schreibt - aber wirklich drauf an, wie man sich als nackter Radfahrer verhält. Wenn

> »Der Hals, die Hände, jeder Fuß die sind vollkommen wohl gebaut, was ich dazwischen loben muss, noch lieber hab ichs angeschaut.«
> Walther von der Vogelweide

man selbstbewusst (auch wenn man innerlich zittert) an den Passanten vorbeifährt und nett lächelt (nein, nicht provokant grinsen!!), bleiben die Leute auch ruhig oder gleichgültig. Wer sich aber mit einem Hechtsprung vor nahenden Spaziergängern ins Gebüsch rettet, macht sich natürlich verdächtig. Logisch, wenn ich als bekleideter Spaziergänger einen Nackten sehen würde, der bei meinem Anblick die Flucht ergreift, würde ich wohl auch denken: da treibt sich ein Perversling im Unterholz herum!?

Fazit: man muss sich langsam rantasten, dann verliert man das Unbehagen und fühlt sich mit der Zeit immer wohler. Ich kann jeden nur ermutigen, es zu probieren. Nackt radeln ist einfach ein tolles Gefühl und macht echt Spass. Auf einen schönen warmen Sommer, Tom.

Endlich war es mal wieder warm ... - 3. Bericht

Hallo Freunde des textilfreien Radelns (und überhaupt des textilfreien Seins!). Nach langen verregneten und kühlen Wochen, in denen ans Nacktradeln nicht zu denken war, meinte es das Wetter am letzten Wochenende doch mal wieder gut mit uns ... Leider konnte ich aus verschiedenen Gründen nicht an der Nacktradel-Tour in Karlsruhe teilnehmen (schaaaade!!), aber immerhin ließ ich es mir nicht

nehmen, mal wieder allein auf Tour zu gehen. Der Zeitpunkt war mit ca. 13 Uhr recht mutig gewählt und wie immer radelte ich normal bekleidet zum Rheinufer. Auf beiden Seiten des Rheins verlaufen schöne Rad- und Wanderwege. Teilweise parallel nebeneinander, in verschiedenen Höhenlagen und mit und ohne Bepflanzung. Man kann sein Nacktradeln also ganz langsam steigern und zunächst so fahren, dass man nicht gleich von allen Spaziergängern, Joggern und Radlern gesehen wird. In der Nähe sind jede Menge Felder, Wiesen, Reiterhöfe und so gibt es genug ruhige Plätze, an denen man sich der Kleidung entledigen kann. So tat ich es auch dies-mal und schon ging es los. Zuerst über ruhige Wege quer durch Wiesen und Felder. Ein herrliches, lang vermisstes Gefühlt....!! Aber Samstag ist man mit seinem Drang nach frischer Luft und Sonne nicht allein, und so kam es schon nach kurzer Zeit zu den ersten Begegnungen mit Spaziergängern. Ich möchte nicht jede einzelne Begegnung beschreiben, dafür waren es zu viele. Nur soviel: es war wieder einmal keine negative Reaktion zu verzeichnen. Ältere Damen mit Hunden, jüngere männliche Mountainbiker, junge Frauen und Männer auf Inline-Skates, einzeln in kleineren Gruppen. Wenn überhaupt erstaunte Blicke, häufiger Lächeln und meis-

tens überhaupt keine Regung. Nach wenigen Minuten fühlte ich mich nackt auf dem Rad so normal, als wäre ich bekleidet ... Unterwegs musste ich dann an 2 jungen Reiterinnen auf ihren Pferden vorbei und die beiden Gäule machten sich ganz schön breit. Ich überlegte noch, ob ich mich kurz bemerkbar machen sollte. Aber a) hat mein Rad keine Klingel und b) wollte ich die Pferde nicht aufschrecken. Also fuhr ich langsam hinterher und als die Gelegenheit günstig und der Weg breit genug war, trat ich in die Pedale und fuhr vorbei. Die Mädels unterbrachen ihre Unterhaltung und ich vernahm noch ein »Huch!«, welches aber sehr freundlich klang. Ich drehte mich nicht um, sondern fuhr unbeirrt weiter. Nach einer guten Stunde war es an der Zeit umzukehren. In dieser Zeit fuhr ich die ganze Zeit »ohne«. Aber eben auch nur in diesen Gegenden; also nicht durch Ortschaften etc. ... Nun war ich extrem mutig und fuhr direkt auf dem Deich am Rhein zurück. Begegnungen hatte ich auch wieder und sie verliefen allesamt wie zuvor beschrieben. Es gibt Abschnitte am Rhein, wo man am Samstag quasi totgetreten wird. Hier war es aber so, dass ich im Schnitt ca. alle 200 - 300 Meter eine Begegnung mit einem Radler, Spaziergänger oder Jogger hatte. Nur einmal bemerkte ich einen Radfahrer im mittleren Alter (ca. 40-50), der sich doch sehr für mich interessierte. Und zwar bemerkte ich es, als ich einmal kurz anhielt und mich umsah. Dort stand auch er mit seinem Rad gute 200 m hinter mir. Als ich wieder losfuhr, radelte auch er los. Ich hielt an, er hielt auch wieder an. »Na, Freundchen«, dachte ich mir, »mal sehen, wie flink du bist« und trat kräftig in die Pedale. Er zog an, doch der Abstand wurde größer und größer.

Ich bog dann in einen anderen Feldweg ab und düste weiter. Irgendwann hielt ich an und sah, dass er verzweifelt auf dem Damm stand und in alle Richtungen sah...: na,

vielleicht wollte er mich nur nach der Uhrzeit fragen ... Ich radelte dann nach Hause (bekleidet) ... Schön wäre es, wenn sich mal ein netter Mitradler finden würde. Denn in manchen Momenten kommt man sich allein nackt auf dem Rad doch noch ein wenig doof vor ... Bis zum nächsten Mal, Tom.

Heute das erste Mal! Heute hab ich es geschafft. 4. Bericht von und mit Tom

Ich bin mit meiner Frau so durch die Gegend geradelt und nach 18 km haben wir den Rückweg angetreten und der führte durch einen Wald. Da uns unheimlich warm war, zog meine Frau dann ihr Top aus und ich tat es ihr gleich. Da wir uns in letzter Zeit oft mit dem Thema »Nacktheit in der Natur« beschäftigt hatten und auch durch die vielen Berichte im Netz erfahren haben, dass es ja eigentlich nicht verboten ist, meinte sie, es sei ihr jetzt egal, wenn einer kommt. Dann wird einfach gegrüßt und weitergefahren. Nach wenigen hundert Metern hab ich mich dann ganz entkleidet und bin dann nackig gefahren. Meine Frau hat sich nicht ganz getraut und ist deshalb im

String weitergefahren.

Also ich muss sagen, ich fand das Gefühl echt toll. Zwar hatte ich am Anfang stark mit einer aufkommenden Erhebung meines Willys zu kämpfen (wenn uns dann einer entgegenkommt, dann würde man es mir nicht mehr abnehmen, dass ich es nur der unbeschwerten Nacktheit wegen mache), aber das hat sich dann schnell gelegt und ich konnte die grenzenlose Freiheit genießen. Die Wärme der Sonne, der Wind und ich fahre nackig auf normalen Waldwegen, und das nicht irgendwo in der Pampa - das war schon irgendwie schön. Begegnet ist uns keiner, war wohl doch zu warm. Als wir uns dann aber etwas verfranzt hatten, mussten wir den Wald verlassen und sind auf offene Felder gestoßen. Natürlich sind wir weiter gefahren - ich nackig, sie nur im String. Irgendwann sind wir dann einem Bauern begegnet, der mit seinem Trekker zu seinem nächsten Feld fuhr - der hat ganz schön geguckt von seinem Trekker. Mich hat er nur kurz angeschaut, aber meine Frau hat er erstmal nicht aus den Augen gelassen. War schon lustig. Mehr ist aber nicht passiert und das macht Mut für das nächste Mal, die Radtour nicht nur auf völlig vereinsamten Strecken zu absolvieren. Insgesamt sind wir 8 km nackig (im String) gefahren und wir freuen uns schon auf's nächste Mal. Dann bestimmt eine längere Strecke.

## 5.3.
## »Ich bin ja *stets ganz ich selbst*« -
## Rainer Nackich und seine kleine Philosophie des Nacktradelns

Zum Schluss dieser Berichte von zweirädrigen Nacktausflügen möchten wir einen »Profi« zu Wort kommen lassen: Rainer Nackich. Er hat seine ersten Erfahrungen im »Exil« bei Wien an der Donau gemacht. Dort wurde schon vor Jahren nackt geskatet, gewandert und geradelt. Zurück im heimatlichen Karlsruhe ist er wieder brav textil gefahren. Aber als er in »waldfkk« die Berichte von Peter Niehenke und anderen Aktivisten gelesen hatte, da hat er sich sofort »nacktifiziert« und so aufs Rad geschwungen. Hier einer seiner unterhaltsamen und aufschlussreichen Berichte:

Nacktheit in der Öffentlichkeit - praktisch angegangen... Am Rheindamm bei Iffezheim zur Hochsaison, von und mit Rainer:

*Am vergangenen Feiertag hatte ich mit ein wenig Sonnenbrand leider ein Unglück auszustehen und so verzichtete ich auf eine geplante größere Fahrrad-Ausfahrt im Lichtkostüm.*

*Stattdessen wollte ich nur schnell an einen See am Rhein radeln, den es dieses Jahr zu bearbeiten gilt.*

*Naja - bei so fantastischem Frühsommerwetter hielt ich es nicht lange in Klamotten aus auf dem Bock und so verstaute ich zur besten Vatertags-Radelzeit um halb eins Hemd und Hose in der Gepäcktasche und fuhr ins ländliche Ausflugsgeschehen von Baden-Baden Richtung Rhein.*

*Meine fast täglich frequentierte Lieblingstrecke durch Bruchwiesen und Hardtwald war heute an allen Ecken voll von Sonntagsradlern, die sich mal einen schönen Tag machen wollten, und was anderes sehen.*

*Naja - und dann zieht da ein nackter Arsch vorbei.*

*Ich habe ja die Routine auf diesem Parcours und steuerte zielsicher durch die Agglomerationen von Papis, Mamis und Kiddies, Damen, Herren und Hunden, die heute den Weg verstellten.*

*Am Schützenhaus Hügelsheim, eine nunmehr mit Erlebniswert hergerichtete Waldgastronomie, ein vielchoriges OH und SCHAU DA...*

*Naja, eigentlich wollte ich nur schnell und mit viel Behaglichkeit zum Baggersee, aber man mußte an diesem Tag damit rechnen, daß zunächst eine Performance vor größerem Publikum abzuarbeiten war.*

*Hübsch finde ich, wenn ich auf verstopften Radwegen geräuschlos ganz links vorbeiziehe, und dann dringt mir grade noch so ein ›Ha saagemool..‹ des beteiligten Ehegatten ins Ohr (Übersetzung: ›Na, sag einmal..!‹), bevor ich schon 30 Meter weiter bin.*

*Herrschaften älteren Datums, die eben noch die Balance halten, fixieren mich von weitem - sie fürchten, sie sehen was nicht, aber so sehr sie auch sehen, es ist nicht da.*

*So radelte ich durch belebte Pfade um die Ortschaft Hügelsheim am Rhein herum und durch die Einfahrt des lokalen Flughafens Baden-Airport.*

*Dort düsen frohgestimmte Menschen mit 80 Stundenkilometern in die Pfingstferien, und ein Nacktradler paßt da bestens. Und auch mir wird freundlich ein Stück Urlaubsfreude zuteil: Man applaudiert durchs Seitenfenster.*

*An der Schiffsrampe Hügelsheim,*

wo ich nach einem Stück entlang der örtlichen Bundesstraße auf den Rheindamm auffuhr, herrschte Hochbetrieb. Natürlich sind bei so tollem Wetter die meisten Ausflugsmenschen mit sich selbst beschäftigt, aber wie ich mich auf den Damm raufquäle, werde ich schon registriert.

Blicke, die zweifeln, ob dies ein Fernsehereignis ist, die nahende Apokalypse oder einfach nur ein schmutziges kleines Verbrechen.

Nichts davon, hier fahre ich doch auch sonst immer nackig zum Baggersee.

Der Eisverkäufer kann erläutern. Er kennt das aus vergangen Jahren: 2x Zitrone.

Auf der Dammkrone ist die Rampe, die einen Aussichtspunkt mit angeschlossenem Parkplatz bildet, so voll gestellt mit Rädern und Leuten, daß ohne Absteigen kein Durchkommen mehr ist.

Ein allseitiges Erstaunen und guck mal da..

Ich bin ja stets ganz ich selbst und recht selbstverständlich suche ich mir einen Weg durch das Gewirr.

Ich glaube, ich wirke nicht grade wie ein Kampfradler (sogenanntes Glühwürmchen), vor dem alle panisch in die Büsche springen. Nein, gar nichts Schreckliches, trotz der Unglaublichkeit, daß alle hier in schönster Sonne einfach so meinen Popo sehen dürfen, sowie - wir wagen es gar nicht zu benennen - meine Eier...

Aber so ein Ausflugstag bringt zahlreiche Eindrücke, Lüste und Unannehmlichkeiten mit sich, man dreht sich um, und ist wieder bei der verschmierten Jacke und der runtergefallenen Salateinlage. Und wo ist der Hund??

Da bin ich schon durch.

Auch jenseits der Schranke, die diesen Stau hervorbringt, war der erst kürzlich wieder freigegebene Rheindamm rappelvoll wie in der Fußgängerzone. Ich mußte mich einreihen und Schritt fahren.

Entgeisterte Blicke, die suchen, was sie nicht zu finden vermögen.

Feindschaft?

Ein Eheweib schenkt mir ein Lachen. Dies muß entgegnet werden.

Papa, guck ma: Der is ja nag-

gisch!
 Ja gut, wenn man halt zum Baden fährt.
 Im Nacken fühlte ich den Digitalstrahl gezückter Fotoapparate.
 Bald ist's geschafft.
 Vor mir pedaliert ein ebenfalls komfort-halbbekleideter Mensch klassischer Art: Speckschürzen schwappen knallrot links und rechts über den Hosenbund, schwer tritt er seine Mühle, um sich knapp oben zu halten.
 Na liebe Leute, da fahrt ihr mit meinem schmalen Hintern aber achtmal besser.
 Rennradler treten in Gruppen auf und rufen Helau von der 10 Meter tiefer gelegenen Begleitstraße.
 Nach 12 Kilometer Nacktstrecke im dichten Feiertagstrubel kam ich kurz vor der Staustufe Iffezheim an die Abfahrt zum Baggersee, noch ein paar Meter Straße (Jubel!), schnell durch den Busch, und kleines Entsetzen: auch am Ufer Hochbetrieb.
 Zweifelnden Anglern, die ihr Bier in der prallen Sonne ziehen, erkläre ich aber doch gern, daß ich so auch auf der Straße unterwegs bin.
 Bitte, obwohl ich hier mal abbreche, möchte ich noch bekanntgeben, daß ich immer ein einsames schattiges Fleckchen nach meinem Bedarf finde. Trubel mag ich gar nicht.
 Aber ich stelle mich doch der interessierten Öffentlichkeit, oder?
 Und Rainers kleine Philosophie des Nacktradelns hört sich dann so an:
 .. und theoretisch hinterleuchtet - kleine Notiz zum immer wieder diskutierten Thema, ob und wie man sich beim Nacktspringen verstecken soll.
 Nachts nackt?
 Nackt mit Rucksack und in die Büsche springen, wenn Menschen kommen?
 Vorher eine anwaltliche Beratung?
 Nö.
 Wie diesem Bericht vom 20. Mai, Himmelfahrtstag zu entnehmen, können wir uns, wenn es gut paßt, und wenn wir uns gut benehmen, klaglos in der Öffentlichkeit nackt bewegen, ohne daß wir das als Demonstration oder als Fernsehauftritt tarnen müssen.
 Wir werden auch gar nicht gefres-

sen, und es gibt auch gar keine Anzeige und es kommen auch nicht aus allen Büschen irgendwelche grünen Herren herbeigestürmt.

Am Ende gefällt es sogar noch den Meisten (das, liebe Leute, liegt aber an eurer Erscheinung!).

Was man da zuhause erzählen kann!

Wem es natürlich gar nicht gefällt, das sind unsere Feinde.

Aber die können uns mal.

Sollen wir unseren Tag nach dem Willen unserer Feinde verbringen?

Was wir schon brauchen, ist ein gewisses goldenes Selbstbewußtsein.

Als einziger Nackter unter hunderten von angezogenen Menschen, das fordert natürlich.

Die Leute sind sich allerdings auch unsicher über die Bedeutung

der Nacktheit.

Es sind die Medien, die heute die Bedeutungen der Nacktheit generieren.

Die Medien präsentieren nicht nur Nacktheit jeder Form in der Öffentlichkeit, sie ordnen Nacktheit darüber hinaus vielfach als ›Erotik‹ der Sexualität zu, und sie visualisieren mannigfache Aspekte der Sexualität, so daß diese heute jedem aus dem Fernsehen geläufig sind.

Noch vor 20 Jahren war das undenkbar.

Die Medien kalkulieren die Anziehung sexuell- und eventuell noch gewaltbesetzter Themen (der kleine Kinderschänder) ganz genau und setzen sie intensiv zur Leser- und Zuschauergewinnung ein.

Diese Themen kennen die Leute,

die uns nackig sehen, und sie interpretieren sie in uns hinein.

Was die Öffentlichkeit an der realen, öffentlichen Nacktheit stört, ist dabei nicht die Nacktheit an sich, sondern daß man davon ausgeht, sie wäre verboten, und das Verbotene toleriert man nicht.

Wo die Nacktheit aber banal und harmlos wirkt, so bei strahlender Sonne am Wasser mitten unter Leuten, da ist der Protest gering.

Die meisten sehen dann das Lichtkleid doch als tolerablen Anzug, wenngleich sie selbst es sich noch nicht zu tragen getrauen würden.

So ist es schon erklärbar, daß ich als wohlgeratener junger Mann unbehelligt und ohne umgeschubst zu werden in der Sonne nacktradeln darf, mitten im konservativsten Ausflugstrubel.

Seit 1999 veranstalten Aktivisten aus dem Umfeld der Wald-FKK-Bewegung jährlich einmal eine nackte Radtour, die man fast als Klassiker-Nacktradeltreffen bezeichnen kann: »Es werden mehrere Rasten eingelegt mit Badegelegenheit. Diese Radtour ist für jeden geeignet, der noch im Sattel sitzen kann, auch für Kinder. Sportliche Fahrer sind jedoch körperlich unterfordert. Hier überwiegt mehr das gemeinschaftliche Demonstrieren des Nacktradfahr-Gedankens. Für Aufsehen in der Stadt ist gesorgt.« Diese Veranstaltung gewinnt mehr und mehr Freunde und konnte ähnlich der Eifelwanderung 2004 eine Rekord-Teilnehmerzahl von 30 Leuten incl. 5 Frauen verzeichnen.

## 5.4.
## Nacktiv international – World Naked Bike Ride (WNBR)

Der 12. Juni 2004 war von internationalen Nacktiven aus Kanada, den Vereinigten Staaten, Neuseeland, Großbritannien, den Niederlanden und weiteren Ländern zum ersten Welt-Nacktradeltag ausgerufen worden, dem World Naked Bike Ride. *»Unsere Botschaft für die Welt ist die der Vereinfachung, menschliche Harmonie, Frieden und Liebe. Für eine Zukunft für die morgige Generation müssen wir aufhören, die Lebensblutenergie der Erde zu verschwenden, aufhören im Namen einer konsumorientierten Wohlstandsakkumulation zu kämpfen und zu töten und lernen, alles Leben zu respektieren und zu lieben.«* Die organisierenden und unterstützenden Gruppierungen sind nur dadurch verbunden, dass alle Beteiligten an diesem Tag nackt auf ihren Rädern fahren sollen, um den Menschen eine Vision von einer

WNBR Neuseeland 2004

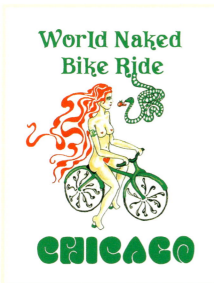

saubereren und sichereren Welt zu verkünden, verbunden mit einem positiven Verhältnis zum Körper. In den jeweiligen Ländern und Großstädten sollten sich hunderte von nackten Gesinnungsfreunden treffen. Der dahinter stehende Gedanke ist, viele Nackte in die Öffentlichkeit zu bringen und zu zeigen, dass Fahrradfahren Freude macht, sinnstiftend und ökologisch wertvoll ist, besonders ohne Kleidung. Nacktradfahren sollte bekannt gemacht werden und nicht praktizierende, doch mit der Idee sympathisierende Nacktradler animiert werden, es selbst auch auszuprobieren. »Bare As You Dare«, so nackt, wie du dich traust. Mit Hose, ohne Hose, mit Körperbemalung oder ohne, alle waren eingeladen.

In Deutschland gab es an diesem Tag keinen zentralen Nacktradler-korso, die Nacktiven waren auf den einschlägigen Internetseiten aufgerufen worden, sich in kleinen Gruppen regional zusammenzufinden. Aber das Wetter spielte nicht mit, so dass nur einige wenige hartgesottene und kälteresistente Nacktive zusammenkamen. In einigen Ländern wurden diese Nacktradelaktionen als Demonstrationen gegen den dichten Autoverkehr erklärt. So auch in London. Erst am 14. August berichtete die NZZ darüber: Fünfzig Radfahrer fuhren rund um den Hydepark in Englands Hauptstadt, *»eine Velo-Demo, wie sie auch in anderen Städten immer wieder durchgeführt wird - nichts Besonderes also. Doch an jenem Junitag saßen die Freunde des zweirädrigen Vehikels nackt auf ihren Sätteln, lediglich Schuhe, Socken, Hut und - wer darauf angewiesen war - Brille trugen die Demonstranten. Polizis-*

WNBR Neuseeland 2005

WNBR Neuseeland 2005

ten begleiteten sie auf Fahrrädern, allerdings ordentlich uniformiert. Die Nacktfahrer wurden geduldet, sie durften ihre Aktion unbehelligt durchführen.« So die NZZ. » ...der diensttuende Polizei-Sergeant Tony Wright (achtete) lediglich darauf, ob sich Passanten ob der Nacktradler in ihrem sittlichen Empfinden gestört fühlten. Doch diese schauten dem Treiben nur verwundert zu. Beobachter erkennen im zunehmend lockereren Umgang mit der Nacktheit eine Abwendung Englands von den puritanischen USA hin zu den freizügigeren europäischen Staaten. ... Ganz anders sieht die Lage auf der anderen Seite des Atlantiks aus. In New York wagten sich aus Furcht vor den Polizisten die Demonstranten nicht nackt auf ihre Räder, und in Chicago gewärtigen diejenigen, die gewisse Körperteile entblösst zeigen, eine Buße von 500 Dollar.«

Trotzdem fand in den USA an diesem 12. Juni 2004 in 13 Städten dieser Nacktradel-Korso statt, an dem ingesamt fast 800 Menschen teilnahmen, die wenigsten

WNBR Seattle 2004

allerdings völlig nackt. Man zog sich sehr wenig an, manche waren nur sehr kurzfristig völlig nackt oder erst später nach Einbruch der Dunkelheit, manche wichen in fast unbewohnte Wüstengegenden aus. Manche Korsos, so auch in Kanada, wurden von der Polizei zwangsweise aufgelöst. Aus Petersburg und Sao Paolo war nur soviel in Erfahrung zu bringen, dass es dort ebenso wie in Deutschland sehr kalt war, und die Beteiligung entsprechend gering. Wirklich nackt und das auch während des ganzen Events waren wahrscheinlich nur die Teilnehmer in England, den Niederlanden (40) und im spanischen Zaragoza (400!).

Der WNBR soll am 11. Juni 2005 wieder stattfinden.

WNBR Seattle 2004
Take care, get bare if you dare and share.

WNBR Neuseeland 2005

# 6. Nackt reiten

## 6.1.
## Nacktsein und Reiten – ein Biologe über die Kombination von zwei Urerfahrungen

Nackt wandern ist einfach. Man braucht sich nur auszuziehen, und los gehts. Nacktradler haben meistens auch schon ein Rad. Der Traum vom Nacktreiten ist da schon schwieriger zu verwirklichen. Es ist kaum zu glauben, wie viele Menschen davon träumen, einmal nackt auf einem Pferd zu sitzen. Jeder glaubt, dieser Wunsch sei abartig, und sie oder er sei der einzige Mensch auf der Welt, der solche Vorstellungen hat. Bei unseren Recherchen sind wir auf viele solcher »Träumer« gestoßen. Inzwischen kann sich jeder diesen Traum erfüllen. Michael Zauels und Karl Lindemann sind begeisterte Nacktreiter, die auch anderen Menschen mit gleicher Ambition Nacktreiten ermöglichen. Bei Michael kann jeder reiten, der nicht zu schwer für seine Pferde ist. Reitkenntnisse sind hilfreich, aber nicht unbedingt erforderlich. Er hat drei Pferde, die alle sehr ruhig sind, und mit denen man im Schritt zusammen mit Michael ausreiten kann. Bei Karl muss man

reiten können, gut reiten können, ehe man nackt aufs Pferd darf. Das kann man aber bei ihm lernen.

Unsere erste telefonische Kontaktaufnahme mit Karl Lindemann ist so dramatisch wie Karl selbst. Ja, wir können morgen mal bei ihm vorbeikommen, aber er sei gerade aus dem Krankenhaus gekommen. Zwei Fingerglieder habe ihm ein Pferd abgequetscht, und so richtig gut ginge es ihm deswegen im Moment nicht. Aber dann muss er unser Treffen doch absagen wegen allzu großer Schmerzen und Wundfieber.

Ein paar Tage später geht es ihm besser und wir vereinbaren einen neuen Termin. Karl wohnt am Rand eines kleinen Ortes in der Nordeifel in einem alten Bauernhof. Den hat er in Eigenarbeit vollständig restauriert und modernisiert. Die Balken dazu hat er selbst aus dem Wald geholt und selbst zugesägt. Karl ist promovierter Biologe und seit seiner Studienzeit begeisterter Reiter. Er hat sein Hobby zum Beruf gemacht und ist inzwischen anerkannter und begehrter Anbieter von unkonventionellen Abenteuer-Ausritten und Reittrainer, der quer zu allen konventionellen Reitstilen seinen eigenen »Ur-Reit-Stil« entwickelt hat, nur mit Trense, oft ohne Sattel. Und

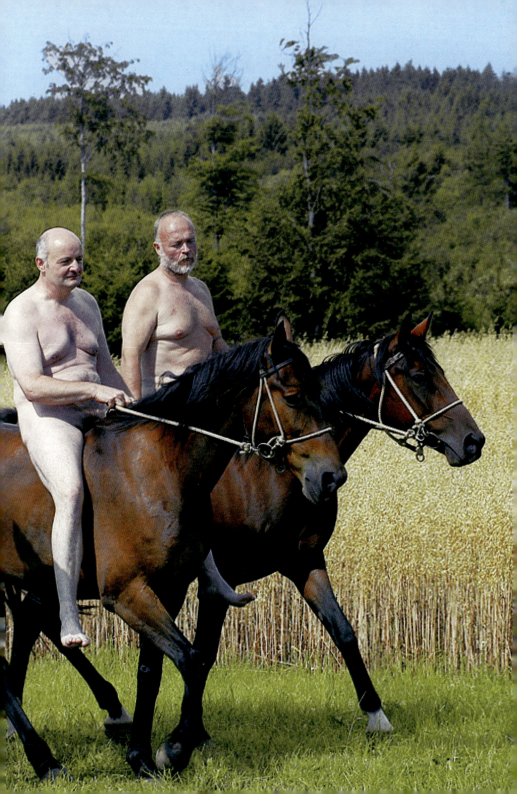

da kommt man fast zwangsläufig dazu, irgendwann auch die Reithose wegzulassen.

Karl erzählt, wie unproblematisch der Umgang mit Nacktsein in seinem Elternhaus war, und wie er später seine ersten nackten Erfahrungen auf dem Pferderücken gesammelt hat:

*Ich hatte schon erfahren, daß das Reiten ohne Sattel eine sehr schöne Sache ist. Durch den wenig eingeschränkten Kontakt zum Pferd hatte ich viele Bewegungsabläufe - meine und die des Pferdes - zum ersten Mal verstanden. Leider waren meine Exkursionen auf blanken Pferdrücken dadurch getrübt, daß ich immer wieder Scheuerstellen durch die Unterhose erlitt oder mir beim Verzicht auf diese in der Reithose die Hoden quetschte. Ganz ohne jegliche Kleidung dürften diese Probleme verschwunden sein, war meine Vermutung.*

*Aber wo sollte ich das Experiment durchführen? Ich ritt ausschließlich draußen in der Natur und meine Pferdeweiden sind nicht so groß, daß sie nicht eingesehen werden können. Es war also durchaus möglich, daß mich jemand bei meinen Versuchen beobachtet. Nicht daß ich es in irgendeiner Weise unangenehm fand, wenn mich jemand unbekleidet auf dem Pferd sitzen sieht. Ich hatte schlicht und einfach Angst, Ärger zu bekommen.*

*Doch eines Sommerabends siegte meine Neugier. Meine Isländer standen auf einer riesigen Weide, an der keine oft begangenen Wege vorbei-*

führten. Es war schon nach Sonnenuntergang, und kein Mensch mehr unterwegs. Also Klamotten aus und schauen was kommt. Es kamen alle meine Pferdchen, einer nach dem anderen, und beschnupperten mich. Offensichtlich staunten sie darüber, daß ihr Mensch unter dem bunten Fell, das er nach Belieben wechseln konnte, kahl war. Grübelnd stand die Herde um mich herum. Mein Hengst Dagur beschnüffelte meine Genitalien intensiv. Ich konnte förmlich seine Gedanken lesen: »So machen die also kleine Menschen - die sind genau so wie wir.« Ich strich ihm über den Hals und glitt auf seinen Rücken. Er blieb wie angewurzelt stehen. Das Gefühl ohne störendes Dazwischen direkt sein Fell und seine Wärme zu spüren, war überwältigend. Obwohl ich keine Trense und kein Halfter angelegt hatte, wagte ich es, ihn leicht anzutreiben. Er ging im Schritt völlig aufmerksam auf der abschüssigen Wiese. Ich konnte ihn nur mit meinem Gewicht in jede Richtung lenken. Ich wurde mutiger und ritt steil bergab. Es war überhaupt kein Problem, sich auf dem Pferderücken zu halten, ich klebte förmlich auf dem Pferd. Zum ersten Mal hatte ich dieses eindrucksvolle Erlebnis völligen Zusammengehörens.

Wir erreichten das untere Ende der Wiese. Inzwischen war es mir völlig gleichgültig geworden, daß wir uns jetzt in beobachtungsgefährdetem Gelände befanden - ich war wie in Trance. Ich wendete, wieder nur mit Gewichtsverlagerung, und ließ ihn *bergauf erst traben, dann galoppieren. Es war wie im Traum, und ich verließ vollends die Realität dieser Welt. Die Lichter der Ortschaften auf den gegenüberliegenden Hängen verschwanden, die Zeit schien rückwärts zu fließen - ich galoppierte nackt auf nacktem Pferd durch eine junge, noch nicht von Menschen verdorbene Welt.*

*Recht abrupt fiel ich wieder in die Realität zurück, als mein Pferdchen vor dem oberen Zaun der Weide stoppte. Dagur schnaufte ganz gut, ließ sich aber trotzdem weiter willig von mir lenken. Die Lichter der Häuser und Straßenlaternen unten im Tal waren wieder da, von der Bundesstraße tönte eine Autohupe, eine Mücke stach mich in den Arm und ich begann zu frösteln.*

*Der Zauber war zu Ende, aber mir war klar, daß dieser erste Nacktritt nicht mein letzter sein würde.*

Nein, es folgten noch viele Nacktritte. Allein oder mit anderen pferdebegeisterten Naturisten oder naturismusbegeisterten Reitern und -Innen. Meistens reitet Karl sehr früh am Morgen, wenn noch kaum jemand unterwegs ist, oder in den ruhigen Mittagsstunden. Auch Markus, der bei Karl auf dem Hof wohnt, ist Naturist und liebt die Pferde. Er geht schon mal auf die Koppel und setzt sich dort nackt mitten unter sie. Ja, es ist etwas anderes, wenn man nackt ist, die Pferde sind sehr viel zutraulicher, suchen dann noch mehr die Nähe des Menschen, berichtet er. Er fühlt sich dort wohl und genießt die durchaus sinnliche Berührung der Tiere. Aber nackt reiten auf den großen Trabern darf er (noch) nicht, zumindest nicht bei Karl. Er ist schon Mal (angezogen) vom Pferd gefallen, und ihm die kleinen Steinchen aus dem Rücken zu pulen, dazu hat Karl keine Lust.

Karl hat 14 Islandpferde und 14 ehemalige Traber, die keine Rennen mehr vor dem Sulky laufen, und die er eingeritten hat. Es sind schnelle und große Pferde, und wer da im Galopp runterfällt, der hat nichts zu lachen, insbesondere wenn er nackt ist. Da heißt es also gut reiten lernen, wenn man es noch nicht kann. Sonst lässt Karl keine(n) nackt auf seine Pferde.

Inzwischen bekommt Karl auch schon mal Angebote von Fernsehsendern, die etwas übers Nacktreiten bringen wollen. Aber bisher hat er immer abgewunken. Insbesondere kleine private Sender wittern in Berichten über Nacktreiten sensationelle Bilder mit nackten Pos und Busen, mit denen sie ihre Einschaltquoten puschen wollen. Und dazu ist ihm die Sache zu ernst und zu schade. Nacktreiten ist ihm Ausdruck einer Lebensanschauung und einer Lebensweise, die Menschen einander näher bringt, angstfrei und offen - ein eher therapeutisches und manchmal spirituelles Erlebnis, das auch sinnlich sein kann und darf.

## 6.2.
## Sinnliches Erlebnis mit therapeutischem Potenzial

Es ist diese Kombination zweier Atavismen oder Urerfahrungen, die für Karl das Nacktreiten so faszinierend und wohltuend macht: »Nackt Reiten ist Nacktheit und Reiten. Banal und richtig, aber vielleicht der Ansatz zur Erklärung des Phänomens. Beide - Nacktheit und Reiten - passen eigentlich nicht so richtig in unsere moderne Zeit. Es besteht prinzipiell keine Notwendigkeit für beides, beides erscheint archaisch.«

Das Reiten allein wird schon als Seelentherapie empfunden, das ist zumindest bei den Reitern so, die bei Karl zu Gast sind: »Wenn ich drei Minuten auf dem Pferd sitze, denke

ich nicht mehr an meinen Job, an all den Streß, an das Mobbing der Kollegen. Ich rieche den Wald und das Pferd, höre die Vögel und das Klappern der Hufe, sehe die Wolken und das unendliche Grün um mich herum, fühle Wind und Sonne und spüre die Bewegung des Tieres unter mir. Meine Kopfschmerzen verfliegen, die Beklemmung um meine Brust löst sich - ich bin ein anderer Mensch, wie neugeboren. Und das schönste: dieser Zustand hält auch noch eine Zeit lang an, wenn ich wieder zu Hause bin oder im Büro sitze. Ein, zwei Tage, und dann muß ich wiederkommen!« Atavistische Empfindungen versus moderne Streßbelastung.

Und wie ist das mit dem Nacktsein? Wenn der Reiter in der Natur schon von einigen Mitmenschen schief angesehen wird, so der Nackte erst recht. Entblößung der Genitalien ist in unserer Gesellschaft verpönt. Es besteht auch keine offensichtliche Notwendigkeit dazu, denn Kleidung ist überall erhältlich und preiswert. Warum tun sie es trotzdem?

Fragen wir den Mann, der immer an der gleichen Stelle »unseres« Badesees nackt ins Wasser steigt oder in der Sonne liegt. Antwort: »Wenn ich als letztes die Hose abstreife, spüre ich, wie der Wind in meinen Schamhaaren spielt und die Sonne meinen Penis durchwärmt. Es ist, als wenn ich tausende Jahre von Indoktrination, Kontrolle und Gehirnwäsche abstreife. Ich fühle mich wieder ganz, heil und komplett. Nichts steht mehr zwischen mir, der Natur, die mich ernährt und der Erde, die mich trägt. Der Streß des Alltags und die Beeinträchtigungen durch meine »Mit«menschen fallen von mir ab. Wenn ich ins Wasser steige ist es, als ob ich in den Bauch meiner Mutter Natur zurückkehre. Ich bin nackt und fühle mich geborgen. Und das schönste: dieser Zustand hält auch noch eine Zeit lang an, wenn ich wieder zu Hause bin oder im Büro sitze. Ein, zwei Tage, und dann muß ich wiederkommen!

Aha! Kommt uns irgendwie bekannt vor. Siehe oben!

Wie genial muß es sein, wenn beide »Atavismen« kombiniert werden.

Inzwischen hat Karl schon viele positive Rückmeldungen bekommen, u.a. für seine gut fundierte Webseite www.nackt-reiten.de. Psychologen und Therapeuten haben sich bei ihm gemeldet, die im Nacktreiten ein therapeutisches Potenzial sehen und sich Gedanken darüber machen, wie man diese Art der Therapie auch »gesellschaftsfähig« machen könnte.

> »Der Mensch ohne Hülle ist eigentlich der Mensch. Dem Reinen ist alles rein – warum nicht die unmittelbare Absicht Gottes in der Natur?«
> Goethe

## 6.3.
## »Piekt das nicht?«
### – Nacktreiten praktisch angegangen

Nicht weit von Karl Lindemann entfernt, genauer gesagt in Bonn, lebt Michael Zauels, ebenfalls seit frühester Jugend Naturist und Pferdeliebhaber, allerdings ohne Reiterhof. Als Privatmensch hat er »nur« drei Pferde, die er liebevoll versorgt und die sozusagen seine kleine Familie sind. Einen großen Teil seiner Freizeit und seines Einkommens verwendet er für seine Pferde. Bei Michael kann jeder reiten, der nicht zu schwer für seine Pferde ist. Reitkenntnisse sind hilfreich, aber nicht unbedingt erforderlich. Seine drei Pferde sind alle sehr ruhig, und mit ihnen kann man im Schritt zusammen mit Michael ausreiten.

Zum Thema Nacktreiten sagt er: *Reiten als Aktivität der Freikörperkultur ist noch relativ selten und exotisch. Das liegt daran, dass Pferdehaltung ziemlich teuer und aufwändig ist. Außerdem haben manche FKK-Anhänger und Pferdefreunde noch nie von der Möglichkeit gehört, nackt ein Pferd zu reiten. Dabei ist*

das eine wunderbare, natürliche und gesunde Art, das Reiten hautnah zu erleben. Als sensibles Sinnesorgan übernimmt die Haut eine wichtige Rolle im gefühlsmäßigen Erleben und vermittelt Empfindungen, die mit Kleidung nicht möglich sind. Etwa 20 km südlich von Bonn unterhalten wir zwei kleine FKK-Gelände mit Reitmöglichkeiten. Wir bieten jedem ernsthaft Interessierten die Gelegenheit, textilfrei zu reiten. Auf den Terrains besteht die Möglichkeit, mit Zelt oder Wohnmobil zu übernachten.

Unsere drei Pferde sind keine abgestumpften, gestressten Tiere, wie man sie leider oft in Reitställen von Tourismuszentren sieht, sondern bildschöne, kräftige und lebensfrohe Pferde, die sich gerne reiten lassen, besonders in den einsamen Wäldern der unmittelbaren Umgebung.

Nun, wir haben Michael beim Wort genommen, hier unser Eigenbericht:

Heute ist der 2. Mai 2004. Wir haben beruflich im Kölner Raum zu tun und haben uns für heute mit Michael Zauels telefonisch verabredet zu einem Besuch auf seiner Weide.

Ob wir zum Reiten kommen, ist eher nicht zu erwarten, das Wetter ist ziemlich kühl und wolkenreich, aber ab und zu reißt die Wolkendecke auf. Wir wollen uns um 11 Uhr auf der Weide wenige Kilometer westlich von Bad Godesberg treffen. Nach der Beschreibung und der uns per e-mail geschickten kleinen Karte finden wir uns gut zurecht, und als wir schließlich wie vereinbart das kleine Pappschild mit dem weißen Pfeil entdecken, der zu einem schmalen Wiesenpfad weist, finden wir Michael sehr schnell. Er erwartet uns schon an seinem alten BMW vor dem Weidengatter. Die Wiese liegt etwas am Hang, umgeben von Büschen und Pappeln, oben begrenzt das Grundstück der schmale Schotterweg, auf dem wir gekommen sind. Die drei Pferde grasen im hohen Maigras am Hang. Als wir unter dem Zaun durchgekrochen sind, kommt sofort Herkules angetrabt, ein hellbrauner Kaltblüter mit etwas Haflingerblut in den Adern. Er ist sehr verschmust, liebt die Nähe des Menschen und knabbert verspielt und liebevoll an meinem T-Shirt und meiner Hose, versucht

»Die Sage berichtet, daß zur Zeit, als Attila mit seinen Hunnen erschien, in der Nähe von Augsburg eine wegen ihrer abscheulichen Hässlichkeit verbannte Hexe wohnte, welche dem zahllosen Heere, als es über den Lech setzen wollte, ganz allein und nackt auf einem abgemagerten, schmutzigen Pferde entgegengeritten sei und ‚Pack dich, Attila!‘ geschrien habe, also da Attila mit seinem ganzen Heere voll Schrecken sich stracks gewendet und eine andere Richtung eingeschlagen habe....«

Gottfried Keller, Die Leute von Alzenau

am Gürtel zu ziehen. Dann kommen auch Nikolin, der kleinste und älteste, er ist schon zwanzig, etwas dünner als die beiden anderen, und schließlich Fanny, die Chefin, eine braune Stute. Michael versorgt die Pferde, sie bekommen Rübenschnitzel aus einer Tonne, dann werden sie gestriegelt; das Winterfell ist noch in Resten vorhanden und muss ausgebürstet werden. Wir helfen ihm dabei.

Michael erzählt dabei von seinen verschiedenen Erfahrungen, die er bei seinen shootings und Ausritten gemacht hat. Auf sein Angebot im Internet auf seiner Homepage und aufgrund von Anzeigen hätten sich erstaunlich viele Interessierte gemeldet, Männer, Frauen, Ehepaare in allen Altersklassen, meistens jedoch junge Frauen, darunter auch viele Fotomodelle.

Die überwiegende Mehrzahl könne schon mehr oder weniger gut reiten, aber auch absolute Neulinge hätten sich gemeldet, die einfach einmal die Erfahrung machen wollten, nackt auf einem Pferd zu sitzen. Inzwischen haben sich auch die Medien, Fernsehen und die Regionalpresse interessiert gezeigt. Er habe Interviews

gegeben, Foto- oder Filmaufnahmen seien gemacht worden, natürlich immer mit attraktiven jungen Frauen. Der Tenor der Berichte sei in der Regel skeptisch-ironisch, aber auch manchmal zurückhaltend-positiv. Negative Berichte seien die Ausnahme; ein Journalist in einem Reitermagazin habe sich eher lustig gemacht über seine wenig feurigen Kaltblüter; aber es sei auch nicht seine Absicht, dass eingefleischte Reitsportler bei ihm auf ihre Kosten kommen sollen. Er möchte vielmehr möglichst vielen Menschen das archaische Gefühl und die Lust am eigenen Körper vermitteln, die ein nackter Mensch auf dem nackten Pferderücken erfahren könne, der sich ganz der Natur und dem Tier anvertraue. Ja, natürlich, geritten werde ganz »ohne«, ohne Sattel, ohne Kleidung, kein Handtuch, keine Uhr, lediglich Zügel seien notwendig.

Inzwischen sind alle Pferde gebürstet, das Zaumzeug ist angelegt, und wie auf Bestellung ist die Wolkendecke aufgerissen und sie Sonne wärmt uns angenehm. Anita hat sich schon ausgezogen und wir folgen ihrem Beispiel. Michael hilft ihr auf Fannys breiten Rücken. So

richtig begeistert ist die Stute erstmal nicht, sie möchte sich nach dem langen Winter mit Heu endlich an dem saftigen Gras gütlich tun, aber dann erwärmt sie sich für ihre neue Aufgabe und trabt willig durch die Wiese. Wir haben unsere Digitalkameras aus den Rucksäcken geholt und zwei nackte Männer folgen der nackten Anita auf dem »nackten« Pferd. Die Kameras werden heiß.

Ich steige selbst auf Nikolin und fotografiere aus der hohen Perspektive des Pferderückens, dann steige ich zu Anita mit auf Herkules. Wir sind beide nicht sehr schwer, aber zusammen etwas mehr als hundert Kilo ist Herkules trotz seines Namens zu viel, er ist es nicht gewöhnt und macht ein paar kleine Bocksprünge, nichts Gefährliches, aber ein kleiner Hinweis: bitte absteigen. Inzwischen

ist auch Nikolin mit einem Halfter ausgerüstet und die Pferde sehen uns erwartungsvoll an. Geht's jetzt los? Wir schauen nochmal nach den Wolken, es sind noch einige Kumuluswolken am Himmel, aber für ein paar Stunden ist sicher Sonne zu erwarten. Zum ersten Mal schenken wir der Umwelt auch außerhalb der Wiese unsere Aufmerksamkeit. Auf dem Weg oberhalb der Weide sind ab und zu Fußgänger zu sehen. Es ist Sonntag, das heißt, sehr viel mehr Menschen als sonst gehen spazieren oder sind auf dem Weg zum nahe gelegenen Golfplatz und dem Ausflugslokal. Aber niemand bleibt stehen, man nimmt uns und unsere Nacktheit zur Kenntnis, aber besondere Aufmerksamkeit erregen wir nicht. Michael berichtet von verschiedenen »Begegnungen« zwischen Nackten und Angezogenen im Wald oder zwischen den Feldern, berichtet von verwunderten und erstaunten Blicken, von peinlichem (oder rücksichtsvollem?) Wegsehen bis zu begeisterten Kommentaren.

Wir haben dieselben Erfahrungen gemacht bei unseren gelegentlichen Nacktwanderungen in den Wäldern um Berlin und in der Mark Brandenburg. Und dann beschließen wir ganz spontan unseren ersten Ausritt. Anita und Michael halten als einziges Relikt zivilisatorischer Errungenschaften die Zügel ihres Pferdes in der Hand, ich selbst habe mir an einem Gürtel eine kleine Tasche mit der Kamera umgeschnallt. Leider sind nicht mehr allzu viele Bilder auf der Speicherkarte, aber erstmal bin ich sowieso voll beschäftigt damit, Nikolin unter Kontrolle zu halten und ihn am Fressen zu hindern, denn jedes grüne Büschel am Wegrand lächelt ihn offenbar an und er reißt mir förmlich die Zügel aus den Händen, so dass ich einmal fast kopfüber über seine Mähne falle. Ich sitze zum ersten Mal auf einem Pferd, aber schon auf der Wiese habe ich das Gefühl, dass ich keine Angst zu haben brauche und auch nicht herunterfallen werde, wenn ich mich der Gangart des Tieres anpasse und weich mit dem eigenen Körper mit der Bewegung mitgehe.

Wir verlassen die Weide durch ein Holzgatter, es geht entlang dem Schotterweg durch ein kurzes Stück Laubwald hinaus auf einen grasbewachsenen Feldweg. In etwa einem Kilometer Entfernung sind die Häuser des nächsten Dorfes zu sehen und ganz weit am Horizont

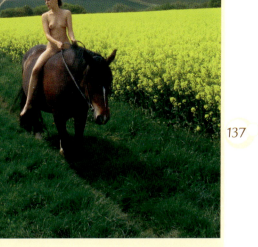

Bad Godesberg. Die Sonne scheint, die Lerchen zwitschern, die Rapsfelder leuchten, ein kindliches Gefühl frühlinghaften Erwachens überkommt mich, nicht wie Urlaub, sondern wie Ferien, heimatliches Vertrautsein mit dem Löwenzahn und den Schlüsselblumen und dem Wissen, alle Zeit zur Verfügung zu haben, die ein Mensch braucht, um mit sich und der Welt in Einklang zu stehen.

Ein Ehepaar in mittleren Jahren begegnet uns. Sie grüßen und lächeln. Ein geheimes Einverständnis schwingt zwischen uns Fünf. Dann geht es vorbei am Golfplatz, die Spieler auf dem Rasen hinter dem Zaun sind auf ihren Ball und ihre Schläger konzentriert. Manche schauen kurz, die Männer vielleicht etwas länger. Wann erlebt man das schon, eine nackte junge Frau auf einem Pferd, eskortiert von zwei nackten Männern. Wir passieren den Parkplatz, es stehen dort mehrere Dutzend Autos, ein paar neugierige Blicke aus ankommenden PKWs, dann sind wir im Wald. Links eine Reitspur, mehrere junge Frauen auf Pferden zu zweit oder zu dritt kommen uns entgegen. »Hi«, »Hallo«, »n'Mojn«, »Piekt das nicht?«, alle sind freundlich, offenbar nicht einmal sonderlich überrascht. Dann biegen wir von dem breiten Weg rechts ab in einen schmalen Reitweg, wir sind allein. Die Bäume

rauschen, die Vögel singen ihr Lied, der schwere Schritt der Pferde auf dem weichen Boden begleitet uns. Jetzt komme ich erst wieder auf den Gedanken, noch ein paar Fotos machen zu können. Ich fotografiere meine beiden Mitreiter hoch vom Pferd nach rückwärts, verdrehe mir Hals und Rücken, drücke mehr oder weniger nach Gefühl auf den Auslöser. Das Ergebnis ist denn auch meist verwackelt und unbrauchbar, wie sich später herausstellt. Dann tausche ich mit Anita das Pferd; Fanny hat einen ziemlich breiten Rücken, nach mehr als zwei Stunden Reiten schmerzt es allmählich in den Oberschenkeln.

Auf dem nächsten Wiesenweg kommt uns plötzlich eine Wandergruppe entgegen, Männer und Frauen, etwa zehn Personen. Sie sehen uns, wir grüßen, die Antwort ist einen Ton herzlicher als sonst bei Begegnungen im Wald, sie gehen weiter, vielleicht sehen sie sich noch einmal um, wir kümmern uns nicht darum. Dann geht es im Schritt weiter durch einen lichten Buchenwald, die Sonne dringt nur schwer durch das Blätterdach, wir bekommen etwas kalte Füße, die Kälte kriecht langsam nach oben. Seit mindestens einer Stunde ist uns niemand begegnet, endlich verlassen wir wieder den Wald, und in einem großen Bogen treffen wir wieder auf bekannte Wege. Wir überholen ein *junges Paar, sie grüßen freundlich, unser Nacktsein wird wie selbstverständlich hingenommen. Ehe wir wieder auf den belebten Weg zum Golfplatz einbiegen, begegnen wir noch einem jungen Förster mit Gewehr. Ich lächle ihn an, er grüßt, Herkules fühlt ein »tierisches Bedürfnis«, bleibt stehen und äppelt genau vor dem Förster. »Schönes Wetter heute«, - »Jetzt wird's aber schon kühler«. Kurz vor dem Parkplatz mehrere Reiterinnen und Reiter: »Hallo«, ein älterer Mann ignoriert uns und schaut weg, am Parkplatz steuert Nikolin schnurstraks auf drei Reiterinnen zu, die dort neben ihren Pferden stehen und will mit den Stuten anbandeln. Ich treibe ihn in Richtung Golfplatz, eine Gruppe Golfer/Innen kommt gerade aus dem Gartentor heraus, einer Frau bleibt bei unserem Anblick der Mund offenstehen, die andern schauen nur. Wir grüßen nicht, reiten einfach weiter, vorbei am Zaun des Golfplatzes, man schaut kurz, ein Ehepaar nimmt auf dem letzten Stück zur Wiese ihren Hund beiseite und beide beschäftigen sich ganz intensiv mit ihrem Tier. Es ist ihnen offensichtlich peinlich, sie vermeiden den Blickkontakt. Vielleicht ist es auch Rücksichtnahme. Bei anderer Gelegenheit haben wir nämlich auch schon den an uns gerichteten, offenbar schonend gemeinten Kommentar gehört: »Wir schauen auch*

gar nicht hin!«

Vor der Weide kommt uns noch eine junge Frau mit Hund entgegen: »Hallo«, wir reiten auf Michaels Wiese, Nikolin muss unbedingt ganz knapp unter einem wilden Rosenbusch durch, ich muss mich flach nach hinten legen, sonst falle ich ihm über den Kopf bei dem abschüssigen Gelände. Wir sind nach etwa vier Stunden Ritt wieder da, die Beine müssen sich erst wieder an den festen Grund unter den Füßen gewöhnen, das schwankende Gefühl bleibt noch mehrere Stunden bestehen, ich reite immer noch, fühle mich wie schwebend. Wir machen noch ein paar Bilder mit Michaels Kamera, die er auf der Wiese bei unseren Klamotten gelassen hat. Wir haben eine »Reithose« aus Pferdehaaren an unserem Hintern und an den Oberschenkeln.

Wir putzen uns ab, ziehen uns wieder an, denn inzwischen ist es uns doch etwas kühl geworden. Die Pferde bekommen ihr Lederzeug abgenommen und gehen sofort wieder ihrer Lieblingsbeschäftigung nach.

Wir sind ebenfalls hungrig geworden. Für den ersten Hunger verteilt Michael Müsliriegel, dann fahren wir zu ihm nach Hause, machen

Spaghetti und in der Zwischenzeit laden wir unsere »Beute« auf unser mitgebrachtes Notebook: über zweihundert Fotos. Eine schöne Erinnerung an einen außergewöhnlichen Tag mit einem außergewöhnlichen Erlebnis. Aber leider sind die wirklich schönsten Episoden auf dem Ritt nicht festgehalten. Wir vereinbaren nicht nur deswegen eine telefonische Kontaktaufnahme für ein weiteres shooting und verabschieden uns herzlich spät am Abend.

Unterwegs lassen wir den Tag noch einmal Revue passieren, weniger die äußerlichen Ereignisse, die hier in dürren Worten wiedergegeben wurden, vielmehr die Essenz und das Wesen von etwas, das sich uns durch diese Erfahrung mitgeteilt hat, das sich in Worten nicht beschreiben lässt. Die Erfahrung von einem Gefühl des Loslassens und des Losgelassen-Seins, der Erfahrung eines Geschenks, ein Gefühl des Verbunden-Seins mit allem und gleichzeitig ein Gefühl der Freiheit und der Allmacht.

Was es auch sei, wir freuen uns jedenfalls auf unseren nächsten Ausritt, wieder splitternackt, wie wir in diese Welt gekommen sind.

# 7. Nackt in der Stadt

## 7.1.
### Streaking – Kick oder ernstes Anliegen?

Ein nackter Mensch mitten in der Stadt ist etwas Ungewöhnliches. Wir verbinden Nacktsein eher mit Natur, Strand, Erholung und seit neuestem, siehe oben, vielleicht noch mit Nacktiven in Wald und Flur. Nackte inmitten von Glas und Beton, Straßen und Autos, Cafés und Supermärkten? Völlig fehl am Platz? Wir möchten untersuchen, warum Nacktsein inzwischen auch anfängt, Einzug in die Städte zu halten, und welche Gründe dafür maßgeblich sind.

In der Folge der 68er tauchten in den USA insbesondere in den Universitätsstädten die ersten »Streaker« auf. Anlässlich einer Talkshow hat Peter Niehenke diese Flitzer eher den Unterhaltungsclowns zugeordnet, die sich einen Gag machen und irgendwo nackt mitten in der Stadt aus dem Nichts auftauchen und anschließend ebenso spurlos wieder verschwunden sind. So scheint es zumindest für den außenstehenden Betrachter.

Wir sind dem Phänomen des Streakens nachgegangen und haben festgestellt, dass diese Erscheinung nicht so ohne weiteres als Gag abzutun ist, sondern dass hier vielleicht eher der Notschrei einzelner Menschen zu spüren ist, die sich in Kleider eingezwängt fühlen, ohne eine legale Möglichkeit zu sehen, sich im Alltag davon befreien zu können. Wir müssen uns vergegenwärtigen, dass diese Streaker in den USA Strafen von hunderten von Dollars oder sogar hohe Gefängnisstrafen in Kauf nehmen, je nach den gesetzlichen Regelungen einzelner Bundesstaaten. Das wäre für die Betroffenen doch ein sehr riskanter und teurer Gag. Es muss also mehr dahinter stecken, dass sich immer wieder Männer und Frauen ihrer Kleider entledigen und nackt durch Parks, um Häuserblocks oder Einkaufs»Malls« rennen. *»Good streaking means running and NOT getting shut in or caut.«* Das heißt, wer nicht erwischt werden will, muss rennen, oder den Schutz der Dunkelheit suchen, oder beides. »Take care, get bare if you dare.«

Wir haben die Berichte einiger Foren ausgewertet und möchten gerne eine exemplarische Schilderung vorstellen. Die folgende humorvoll geschilderte Begegnung mit einer Obdachlosen bringt sehr schön die Skurrilität und Absurdität der Situation von beiden Seiten zum Ausdruck:

*In den letzten Tagen hatten wir wirklich warmes Wetter, mit warmen, stillen Nächten hier in S.F., und so bin ich ein paar Mal nach Mitternacht hinausgegangen für einen nackten Lauf. Daraus wurden dann gut eine oder zwei Stunden, und ich lief einige Meilen hinauf durch die ruhigen Vororte. Dort oben auf den Hügeln gibt es einige ruhige Parks, die ich gern besuche. Von dort hat man einen herrlichen Blick über die Stadt und die Brücke über die Bay, alles voll erleuchtet, und draußen ist es so ruhig und dunkel. Hey, das ist eine gute Erfahrung UND ein bisschen Thrill ist auch dabei, es nackt zu machen, und ziemlich risikolos, denn da ist kaum jemand auf der Straße um diese Zeit.*

*Ich verlasse das Haus in Shorts und trage sie die meiste Zeit. Immer wenn ich mich dazu entscheide, sie irgendwo zu verstecken und ohne sie weiterzujoggen, dann ist das eine völlig andere Erfahrung – um vieles wilder, nichts bei sich zu haben, womit man sich bedecken kann.*

*Gestern war ich um zwei Uhr morgens unterwegs, und ich entschied mich an einer Stelle meine Shorts zu verstecken und einige Blocks weiter zu einem Hundeauslauf-Park zu rennen, wo es auch ein Trinkwasserbecken gibt. Als ich kurz anhielt, um zu trinken, mit klopfendem Herzen vom Berghochrennen und weil ich nichts zum Anziehen dabei hatte, da hab ich eine obdachlose Frau aufgeschreckt, die offensichtlich unter den Büschen geschlafen hatte – und sie fing an zu*

schreien! Ich wäre fast aus der Hose gesprungen, wenn ich eine angehabt hätte. Da sind lauter Häuser rund um den kleinen Park, deshalb bin ich langsam rückwärts gegangen und hab ihr zugeflüstert: »Frieden, Schwester, das ist cool« (Leute reden hier immer noch so, besonders die von der Straße) und dann drehte ich mich um und lief weiter. Sie hört auf zu schreien und dann hör ich sie aus den Büschen, wie sie sagt: »Can you give me a hug, kannst du mich umarmen?« Was?? Sorry, nachdem sie wahrscheinlich die halbe Nachbarschaft geweckt hat und vielleicht die Cops schon unterwegs sind, war ich nicht in der Stimmung umzukehren für eine Umarmung. Ich konnte gar nicht schnell genug zu meinen Shorts kommen!

Ich war etwa eine Stunde unterwegs gewesen. Anfang der Woche war ich mal länger laufen, etwa zweieinhalb Stunden. Keine seltsamen Begegnungen, aber ich lief an einem Typen vorbei, der seinen Hund ausführte und an einem Auto, das sehr langsam fuhr. Keine Reaktion von beiden.

Hoffentlich hält der schöne Spätsommer noch ein bisschen an ... vielleicht trau ich mich noch mehr und zieh nachts etwas früher los, oder kurz vor Sonnenaufgang, wenn noch ein paar mehr Leute unterwegs sind. Aber ich werde niemand umarmen! Euer Bud.

Streaken in den Vereinigten Staaten ist risikoreich. Man taucht blitzartig in bereitstehenden Autos unter, joggt nachts oder bei Regen, wenn eh keiner Lust auf eine Verfolgungsjagd hat. Aber der Kick reizt, manche haben »*explosive Fantasien*, durch Menschenmengen zu rennen, blitzende Augen zu sehen mit dem Feuer der Freude und ihre Blicke zu fühlen, wie sie meinen Körper massieren. Ich kann ihnen erlauben, nur Phantasien zu bleiben oder ich kann sie heute leben.« Ist Nacktsein in der Öffentlichkeit eines der letzten Abenteuer, oder steckt mehr dahinter?

Sicher hat es was zu tun mit Brechen von Regeln und einem eigentlich ungehörigen Benehmen, das uns alle motiviert, stell ich mir vor. Ich glaube aber auch, da könnte etwas tieferes dahinter sein, nackt außerhalb des Hauses zu sein (und nicht an einem Ort für Nudisten), was den Reiz ausmacht, aber ich kann es nicht beschreiben. Ich würde sagen, dass alle deine Sinne extrem scharf sind, wenn du draußen und unterwegs bist und nur dein Geburtstagskleid trägst, und das kann man für eine ganze Zeit erfahren. Andererー

»We hold these truths to be self-evident, that all men are created nude, that they are endowed by their Creator with certain unalienable Rights, that among these are Life, Liberty and the pursuit of Nakedness.«
Declaration of Independence
nacktive Fassung

seits, wenn du ein paar Stunden nackt auf einem Wanderweg unterwegs bist und du keinem begegnest, beginnst du zu entspannen, und deine erhöhte Sinneswahrnehmung nimmt ab.

Diese Reflexionen einer Streakerin geben Gefühle und Empfindungen wieder, die viele Nacktive bei ihren ersten Nacktausflügen haben. Die gesellschaftliche Unterdrückung des Nacktseins und die Außergewöhnlichkeit der Situation führt geradezu zu einer Art Drogenerlebnis, insbesondere an Orten, wo Nacktsein besonders ungewöhnlich ist oder mit hohen Strafen belegt wird. Wahrscheinlich führt diese Angst vor dem Entdecktwerden vermischt mit der Freude, das unterdrückte Nacktsein vor allen Augen zu leben und zu praktizieren, zu einer Endorphinausschüttung im Körper und zu diesem drogenartigen Erlebnis. Mit der Zeit lässt diese Wirkung durch Gewöhnung nach, und die Streaker brauchen einen immer größeren Thrill, den sie sich durch eine immer größere Menschenmenge verschaffen, der sie sich nackt präsentieren. Wahrscheinlich sind deshalb auch die Vereinigten Staaten immer noch ein Dorado für Streaker, weil dort Nacktsein so außergewöhnlich und risikoreich ist. Ein von der Presse gekaufter Flitzer in der Münchener

> »Seht, wir Wilden sind doch bessere Menschen!«
> Johann Gottfried Seume

Innenstadt erntete lediglich ein »Du Saubär, dreckiger«, und der Thrill dürfte gering gewesen sein.

In einem gewissen Sinn rebellieren die Streaker durch ihr nacktes Auftreten in den Städten gegen das Verbot des Nacktseins. Aber es ist ihnen sicher kein politisches Anliegen; vielleicht wäre dann sogar der Kick für sie weg, wenn kein Risiko damit verbunden wäre. Für die meisten Streaker wäre die Legalisierung des Nacktseins jedoch wohl eher eine Erleichterung.

Nacktsein und so genannte Schamlosigkeiten in der Öffentlichkeit waren schon in antiken Zeiten häufig eine Form des Protestes. Als solchen beschreibt bereits Scheler den antiken Kynismus: »So pflegten schon die alten Kyniker auf offenen Plätzen ihre Bedürfnisse zu befriedigen, zu onanieren und alle Sitte in Kleidung und Lebensführung zu mißachten; sie verwarfen die Ehe und huldigten der freien Liebe« – als eine Form des Protestes gegen eine seelisch und an Moralwerten arm gewordene Gesellschaft. (Vgl. Max Scheler: Über Scham und Schamgefühl [1933], in: Max Scheler: Zur Ethik und Erkenntnislehre)

Auch Duerr (Nacktheit und Scham, 1994, S. 456) zitiert Diogenes Laertius und Sextus Empiricus, die berichten, dass der Kyniker Diogenes von Sinope alles in voller Öffentlichkeit tat, sowohl ›was die Demeter betrifft wie auch die Aphrodite‹, und Krates soll mit seiner Jüngerin Hipparchia vor aller Augen geschlafen haben.

Wir möchten den Leser nicht langweilen mit einer schier endlosen Kette von Meldungen, wonach Bürger in der modernen Zeit nackt gegen Krieg, Atomwaffen, Straßenbau, für die Freilassung von Gefangenen, gegen Studiengebühren - wie jüngst in Berlin - und vieles andere mehr protestieren. Nacktsein hat in der Öffentlichkeit immer noch einen hohen Aufmerksamkeitswert, und die Medien profitieren davon. Wird hier das Nacktsein in der Regel für fremde Zwecke instrumentalisiert, existiert daneben auch das Nacktsein als Protestmittel gegen das Verbot des Nacktseins selbst.

## 7.2.
## Nacktdemo Berlin 2001
## – Phänomen nackter Selbsterfahrung

Peter Niehenke wurde verboten, nackt in den Wäldern zu joggen. Unter anderem auch deswegen, weil Frauen sich vor einem nackten, rennenden Mann erschrecken könnten. Er verlegte daraufhin seine »Waldläufe« in die Randgebiete von Freiburg, nur mit seinem inzwischen berühmten Damensöckchen bekleidet. Sein Auftreten in der Innenstadt ist daher als Protest zu verstehen, ebenso sein Nackteinkaufsbummel in einem Freiburger Kaufhaus.

Auch der nackte Sparkassenbesuch seiner Freundin Klaudia ist unter dieser Rubrik zu subsummieren. Peter Niehenke hat angekündigt, seine provokativen Aktivitäten aufzugeben, wenn Nacktsein in der Öffentlichkeit nicht mehr als Straftatbestand geahndet wird. Dafür hatte er im August 2001 auch eine Demonstration organisiert, zu der seine Freundin Klaudia sogar nackt auf dem Bahnhof Zoo anreiste. Hier der Erlebnisbericht eines Teilnehmers dieser Demo:

*Kälte kann, auch wenn man nackt ist, ›genau richtig‹ sein ... Noch nie*

vorher habe ich so etwas gemacht, ohne was an mitten durch die Stadt zu gehen.

Als ich im Zug saß auf der Fahrt nach Berlin, hatte ich eine ganz gespannte Neugier in mir, wie ich mich wohl fühlen würde. Es war eine positive Stimmung, die Fingerspitzen juckten, in meiner Magengegend »prickelte« es und wenn ich mich streckte, ging ein angenehmer Schauer durch mich hindurch vom Kopf bis in die Füße. Ich war mir bewusst, an diesem Tag etwas sehr Wichtiges zu tun, für mich selber, aber auch mit einer grundsätzlichen Bedeutung für unsere Kultur überhaupt.

Dann stieg ich in Berlin aus und erstmal war es kalt und ich brauchte einen Regenschirm. Schon jetzt fror ich in meinem T-Shirt und der kurzen Hose. Andererseits dachte ich mir, jetzt, wo nicht einmal die Sonne scheint und wo es ein eher kühlerer Tag ist, entfällt jeder Grund von außen, nackt zu sein. Wenn ich gleich nackt bin, dann bin ich es also erkennbar deswegen, weil mir das Nacktsein an sich etwas bedeutet und nicht, weil es z.B. warm ist. Ab diesen Gedanken empfand ich ein Glücklichsein darüber, dass alles in dieser Situation genau richtig war.

Als ich mit den ungefähr zwanzig waldfkk-Freunden am Brandenburger Tor stand und Peter in die Runde fragte: »Ziehen wir uns jetzt direkt hier aus oder drüben am Rand des Tiergartens?« und wir dann rübergingen zu den Bäumen, stand ich direkt vor meiner inneren Grenze, die ich nun überschreiten wollte. Der Moment ist gekommen, jetzt wird nicht mehr nur gedacht und geredet, jetzt wird der entwickelte Traum ins Leben übersetzt, eine neue Realität geschaffen.

Jede Sekunde wollte ich nun für immer in meinem Kopf behalten. Als ich mich dann auszog, waren meine Gefühle mit mir selbst zunächst etwas überraschend. Erstmal war die Kälte ganz weg.

So beschäftigt mit der neuen Erfahrung habe ich das Wetter um mich herum ganz vergessen. Darüber hinaus schien ich von innen heraus warm zu werden,

> »Es wäre gut, wenn unsere Regierungen auch den Mut aufbringen würden, nackt zur Öffentlichkeit zu sprechen.«
> Hundertwasser

durch glückliche Empfindungen von Freiheit, Toleranz und eigener Bedeutsamkeit, die mich allmählich überkamen. Zunächst einmal stellte ich aber auch noch etwas anderes fest: Ich fühlte mich in keinster Weise beschämt oder, dass das irgendwie peinlich sein könnte, was ich hier in aller Öffentlichkeit tue. Durch den Halt der Gruppe war es für mich das Normalste von der Welt, mich so zu kleiden, wie ich es möchte, nämlich in diesem Falle überhaupt nicht. Es gab Momente in den folgenden Stunden, da war es für mich absolut banal und im Grunde keiner Rede wert, mit anderen Fußgängern an der Ampel zu stehen, dann über die Straße zu gehen und meinen Spaziergang fortzusetzen - dass ich nun nackt war und einige andere Menschen bekleidet, wäre mir nicht zwingend bewusst geblieben. Wenn ich nicht in jeder Sekunde erneut daran erinnert worden wäre, durch die anderen Nackten neben mir und vor mir, durch Fernsehkameras und Reaktionen der Passanten. Ich meine nur: aus mir selbst heraus - die Umwelt ausgeblendet - hätte ich mich schnell an das Nacktsein gewöhnt. Ich könnte mir durchaus vorstellen, nach Stunden eines Spaziergangs mich irgendwann nackt in einem Fenster gespiegelt zu sehen und dann zu denken: »Ach ja, du bist ja nackt.« (so wie ich auch teilweise im Laufe des Tages vergesse, ob ich nun ein T-Shirt oder einen Pullover anhabe, bis ich an mir herunterschaue) So normal könnte im Grunde für mich das Nacktsein sein, wäre da nicht die reagierende Umwelt, die mich daran erinnert, dass es gesellschaft-

lich und mentalitätsgeschichtlich (noch) nicht normal ist.

Dieser grundsätzlich normale, natürliche Charakter des Nacktseins ist eine Seite des komplexen Phänomens nackter Selbsterfahrung. Auf der anderen Seite habe ich Empfindungen gehabt, die »an die Wurzeln gehen«, die innerste Bedürfnisse von mir ansprachen.

Da war die Straße Unter den Linden, das Brandenburger Tor schon hinter mir, und ich spüre kleine heransprühende Regentropfen auf meinen nackten Schultern. Ich spüre, wie meine Arme seitlich meinen Körper berühren und ich nur meine Haut spüre, keine Kleidung. Dabei fühlte ich mich total wohl. Ich erfuhr mich selbst - ohne Verkleidung - , Selbsterfahrung in der direktesten Form.

Später im Bus, auf der Stadtrundfahrt, wurde es mir ein zweites Mal so richtig klar. Ich lehnte im Sessel am Fenster, der Arm an die Scheibe gelegt und der Polsterbezug vom Sessel im Rücken, direkt an der Haut. Allein schon dass ich oben ohne im Bus, war eine absolute Premiere. Alles fühlte ich viel unmittelbarer, viel direkter als sonst, nicht durch Kleidung gedämpft. Meine Aufmerksamkeit war gesteigert, meine Empfindungsfähigkeit ebenfalls. Und dann betrachtete ich meinen übrigen Körper, sah meine Oberschenkel, meine Schamhaare und mein Glied, so wie alle es sehen konnten, MICH sehen konnten. Dabei dachte ich mir, ich liebe meinen Körper, ich liebe mich in meinem Körper und ich zeige, was ich liebe. Durch ganz direkte Selbsterfahrung wurde ich mir selbst bewusst, erlangte Selbstbewusstsein. In diesem Selbstbewusstsein tat ich nun das, was ich wirklich wollte und nicht das, was andere möglicherweise von mir wollen. Ich wurde ich selbst. Ein wunderbares Gefühl, für das ich sehr dankbar bin, denen, die durch gemeinsame Tat so etwas ermöglicht haben, und mir selbst, dass ich dabei mitgetan habe.

> »Diese Menschen haben einen Tugendpöbel um sich versammelt und predigen ihm das Kreuz gegen den großen Heiden und gegen seine nackten Göttergestalten, die sie gern gegen ihre vermummten dummen Teufel ersetzen möchten. Das Vermummen ist so recht ihr höchstes Ziel, das nackt Göttliche ist ihnen fatal, und ein Satyr hat immer seine guten Gründe, wenn er Hosen anzieht und darauf dringt, daß auch Apollo Hosen anziehe. Die Leute nennen ihn dann einen sittlichen Mann und wissen nicht, daß in dem Lächeln eines vermummten Satyrs mehr Anstößiges liegt als in der ganzen Nacktheit eines Apollo und daß just in den Zeiten, wo die Menschheit jene Pluderhosen trug, wozu sechzig Ellen Zeug nötig waren, die Sitten nicht anständiger gewesen sind als jetzt.«
>
> Heinrich Heine

## 7.3.
## Nackt besucht »Nackt«
## - über eine Hamburger Ausstellung und den heuchlerischen Umgang mit dem Nacktsein

Eine junge Frau berichtet über eine andere Art des nackten Protestes gegen spießigen und heuchlerischen Umgang mit dem Nacktsein. Kerstin Steinbach beschreibt in ihrem Buch »Es gab einmal eine bessere Zeit...« zwei Nackt-Aktionen auf der Hamburger Ausstellung »Nackt«. Die Ausstellung wolle ihren Besuchern vermitteln, so die Autorin, Nacktsein in der Öffentlichkeit sei selbstverständlich, gefahrlos, langweilig und alltäglich, man könne dem kaum noch entrinnen. Sie wollte durch in der Realität erscheinende nackte Frauen die Ausstellungsbesucher und die Presse damit konfrontieren, dass der Tenor der Ausstellung und der darüber berichtenden Medien heuchlerisch sei. Nacktsein sei lediglich als virtuelle Erscheinung toleriert, der vom Staat verordnete Bekleidungszwang sei nach wie vor in vollem Umfang wirksam.

Kerstin Steinbach beschreibt ihren Nacktbesuch eines thematisch in die Ausstellung eingebundenen

Vortrages etwa wie folgt: Sie lässt sich in der ersten Reihe von Freunden einen Platz reservieren und zieht sich nach Beginn des Vortrages Jeans und T-Shirt aus. Die Vortragende ist sichtlich irritiert, setzt jedoch ihren Vortrag während der folgenden 70 Minuten unbeirrt und kommentarlos fort. Am Ende des Vortrages klatschen alle, verlassen jedoch fluchtartig den Saal; die vorgesehene Diskussion findet nicht statt, »und ich stand, bis der letzte ging, nackt im Saal, dann mußte auch ich mich leider wieder anziehen. ... Ich muß sagen, daß ich nach etwa 15 Minuten Gefallen daran fand, mich gelegentlich anders hinzusetzen, die Beine übereinanderzuschlagen und damit, soweit es möglich war, die Strategie demonstrativer Blindheit auszuheben und mir dabei vorzustellen, wie das Bild, das ich abgab, wohl wirken würde. Feindselige Blicke habe ich dabei nicht registriert. Im letzten Drittel hatte ich den Impuls aufzustehen, einfach vor und hinter der Leinwand hin- und herzulaufen und nach Art der Surrealisten einen Eklat zu provozieren. ... Zum Schluß fand ich es schade, daß der Vortrag vorbei war, wollte unbedingt diskutieren und spürte triumphierend, daß ich ›die kompakte Majorität‹ in die Flucht geschlagen

»Töricht, blind, ohne Sinn für rechte Freude ist der Weiße, der sich so stark verhüllen muß, um ohne Scham zu sein.«
Die Reden des Südsee Häuptlings Tuiavii aus Tiavea an seine Stammesmitglieder

hatte. Und noch schwerer fiel es mir, mich anzuziehen, weshalb ich es sehr hinausgezögert habe.«

Die zweite Aktion auf dieser Ausstellung ist eine abgesprochene Gruppeninszenierung, drei Frauen, die sich ausziehen und eine nicht genannte Zahl von Helfer/Innen im Hintergrund. Mit einem Mitverschworenen betritt Kerstin Steinbach den gut frequentierten zentralen Hauptraum der Ausstellung. Sie begibt sich zu der gerade stattfindenden Führung nur wenige Meter neben den Referenten extra in Sichtweite zur Gruppe. Ihr Herz schlägt heftig bis zum Hals. In einem Schwung zieht sie ihr Kleid aus, unter dem sie nackt ist, und betrachtet das Exponat, vor dem sie gerade steht. Als sie nackt ist, wird sie augenblicklich ganz ruhig. Der Referent kommt ins Stottern, insbesondere, als wie verabredet eine zweite Nackte auftaucht. »Ich blieb die ganze Zeit völlig ruhig. Mir fiel selber auf, daß ich ganz aufrecht ging. Ich fühlte mich richtig erhaben. Meine Umgebung nahm ich wie durch eine Glaswand wahr, eher wie im Traum. Ich hatte den Eindruck, die meisten taten, als ob nichts sei; auch das kam mir wie in entsprechenden Träumen vor. Ab und zu sah ich offen erfreute Gesichter, eine aggressive

*Reaktion ist zumindest durch meine Glaswand nicht gedrungen. ... Überhaupt fehlte mir während meines gesamten Aufenthaltes in der Ausstellung von dem Zeitpunkt an, von dem ich nackt war, jedes Zeitgefühl, was mich selber verblüffte. Ich hätte noch ewig weiter so rumlaufen wollen. Mein Begleiter machte mich darauf aufmerksam, daß es Zeit wurde zu gehen. Ich fand es ausgesprochen schade und traurig, daß alles schon vorbei sein sollte. ... Ich war danach ganz überschwenglich und vor allem tief dankbar (!), daß ich dieses Erlebnis in meinem Leben haben konnte.«*

Die zweite an der Aktion beteiligte anonym bleibende Frau berichtet von ähnlichen Gefühlen:

*»Mit einem Handgriff zog ich mein Kleid aus. Die zuvor herrschende Aufgeregtheit in meinem Innern verschwand sofort. So hatte ich mir das nicht vorgestellt, wußte ich doch, in welch feindlicher Umgebung ich mich befand. Alle Angst und Unruhe verflog. Keiner konnte mir etwas antun. Ich fühlte mich unverletzlich und dadurch ruhig, stolz und aufrecht. Die Scham und Angst vor dem nackten Körper, besonders dem eigenen, der das Kleidergebot schon in frühester Zeit festigte, zerbrach. Die Fesseln zersprangen, und die zusammengeschnürte Energie wurde frei. Ein erhebendes und beschwingtes Gefühl trat an ihre Stelle. Diese Freisetzung bewirkte die Empfindung und die Ausstrahlung der Unverletzlichkeit. ... Die Reaktion der Besucher war Überraschtheit. Sie waren verblüfft und unsicher, aber nicht bösartig. Offensichtlich waren sie von der Einheit von Körper und Geist, den wir ausstrahlten, überrumpelt. Eine Frau der Besuchergruppe fragte den Ausstellungsführer, ob dies dazugehöre, und ob sich jetzt alle ausziehen sollen.«*

Kerstin Steinbach schreibt über ihre grundsätzliche Einstellung zu ihrem Körper und ihrer Einstellung zum Nacktsein: *»Ich bin sehr gerne nackt! Es gefällt mir immer, wenn ich mich nach täglicher Pflichterfüllung in meiner schönen Wohnung nackt bewege, und ich freue* mich über jeden warmen Sommertag, den ich am Meer oder an einem See ohne lästige Kleidung verbringen kann. Ich habe nackt ein intensiveres Empfinden für meine Person und bin deutlich widerstandsfähiger und stolzer und laufe auch aufrechter. Der oft bedrückende Alltag setzt mir weniger zu, wenn ich dazwischen Gelegenheit habe, in angenehmer Umgebung nackt zu sein. Ich finde es sehr traurig, daß die Möglichkeit für dieses Empfinden so selten und auf so wenige Plätze beschränkt ist. Der Wunsch, nackt zu sein, ist in der Öffentlichkeit leider in der Regel unmittelbar und zunehmend mit dem Gedanken an anstehende Gefahren verknüpft: Kann mir etwas passieren? Macht mich jemand dumm an? Kommt die Polizei? Mitunter versuche ich ein paar Experimente und gehe mit nacktem Oberkörper spazieren, fahre so Auto, und manchmal habe ich auch schon die Abendstunden,

die ich oft allein in meinem Labor arbeite, ohne Oberbekleidung verbracht. Je länger ich nackt bin, umso selbstverständlicher und normaler kommt mir dies vor, und es stellen sich viel leichter Phantasien und Gedanken über Zustände ein, in denen das Nacktheitstabu nicht existiert und jeder sich so bewegen kann, wie er möchte; die Phantasie ist dann insgesamt beweglicher, und ich bin meinen Wünschen viel näher. Ich bedaure wirklich sehr, daß die Möglichkeiten, in der Öffentlichkeit nackt zu sein, so rar sind und immer rarer werden.«

Soweit der Bericht von Kerstin Steinbach. Der Ahriman-Verlag hat uns freundlicherweise die dokumentierenden Aufnahmen überlassen.

> **Vom Fleischbedecken des Papalagi**
>
> »Der Papalagi ist dauernd bemüht, sein Fleisch gut zu bedecken. ›Der Leib und seine Glieder sind Fleisch, nur was oberhalb des Halses ist, das ist der wirkliche Mensch‹ also sagte mir ein Weißer, der großes Ansehen genoß und als sehr klug galt. Er meinte, nur das sei des Betrachtens wert, wo der Geist und alle guten und schlechten Gedanken ihren Aufenthalt haben. Der Kopf. Ihn, zur Not auch noch die Hände, läßt der Weiße gerne unbedeckt. Obwohl auch Kopf und Hand nichts sind als Fleisch und Knochen. Wer im übrigen sein Fleisch sehen läßt, erhebt keinen Anspruch auf rechte Gesittung. Wenn ein Jüngling ein Mädchen zu seiner Frau macht, weiß er nie, ob er mit ihm betrogen ist, denn er hat nie zuvor seinen Leib gesehen. Ein Mädchen, mag es noch so schön gewachsen sein, wie die schönste Taopou von Samoa, bedeckt seinen Leib, damit niemand ihn sehen kann oder Freude an seinem Anblick nimmt.
>
> Das Fleisch ist Sünde. Also sagt der Papalagi. Denn sein Geist ist groß nach seinem Denken. Der Arm, der sich zum Wurf im Sonnenlichte hebt, ist ein Pfeil der Sünde. Die Brust, auf der die Welle des Luftnehmens wogt, ist ein Gehäuse der Sünde. Die Glieder, auf denen die Jungfrau uns eine Siva schenkt, sind sündig. Und auch die Glieder, welche sich berühren, um Menschen zu machen zur Freude der großen Erde - sind Sünde. Alles ist Sünde, was Fleisch ist. Es lebt ein Gift in jeder Sehne, ein heimtückisches, das von Mensch zu Mensch springt. Wer das Fleisch nur anschaut, saugt Gift ein, ist verwundet, und ist ebenso schlecht und verworfen als derjenige, welcher es zur Schau gibt. - Also verkündigen die heiligen Sittengesetze des weißen Mannes.«
>
> Die Reden des Südsee-Häuptlings Tuiavii aus Tiavea an seine Stammesmitglieder

## 7.4.
## Nackte Frauen - nackte Männer
## - oder Die Relativität des Nacktseins

Nackt in der Öffentlichkeit von Städten ist offensichtlich sowohl für die Nackten als auch für das angezogene Publikum von besonderem Reiz. Insbesondere, wenn es sich um nackte junge Mädchen oder Frauen handelt. Diese Tatsache machen sich zum Beispiel auch kommerzielle Anbieter von entsprechenden fotografischen Aufnahmen zunutze. So veröffentlicht z.B. nude-in-public.com auf seiner Webseite weibliche Nacktheit inmitten von Einkaufspassagen und Läden, Parks und Fußgängerzonen, an Tankstellen und in Garagen, auf Bauplätzen und sonstigen ausgefallenen Orten, an denen man sonst kaum nackte Damen vermuten dürfte. Dass diese sich nur gegen Bezahlung ausziehen, dürfte auf der Hand liegen. Interessant scheint uns die Tatsache, dass hier von einem sicher in erster Linie männlichen Interessentenkreis Geld dafür bezahlt wird, nackte junge Frauen speziell in Alltagssituationen in der Öffentlichkeit virtuell zu bewundern, im Schutz der Anonymität des Internets.

Andererseits hat beispielsweise ein Düsseldorfer Geschäftsmann die Polizei gerufen, als eine 22-jährige junge Frau nur in Stiefeln bekleidet durch die Kö bummelte. Sie hatte damit eine Wette verloren, dass niemand an ihrem unbekleideten Ausflug Anstoß nehmen würde. Ausnahmen bestätigen offensichtlich die Regel.

Ähnliche Test-Vorstöße hinsichtlich der Toleranz nackter Haut mitten in der Stadt hatten bereits in den 80er-Jahren verschiedene Boulevardblätter gewagt. Das Magazin »Wiener« engagierte das Wiener Model Eva Rille und ließ die wohlgeformte junge Frau nackt durch die Straßen von Wien und anderen österreichischen Großstädten spazieren und berichtete dann über die Reaktion des Publikums: »*Der Skandal blieb aus.*« Die Passanten reagierten mit Staunen, Schmunzeln und Lachen, einige applaudierten und die Fotoapparate der Touristen liefen heiß. Mit Obst und einem Stück Lammbraten wurde die nackte Eva auf dem Markt beschenkt und in Graz fuhr sie sogar nackt mit der Stra-

»*If you are walking nude on a big place or big street, it is a very special feeling which you have just once in your life! Just try it! You will see. You will feel. JUST DO IT !!*«

»*First I was shy, but later I felt very free and it was great there. I have a great feeling from doing this.*«
Akt-Models

ßenbahn: »*Eine Affenhitze in der Tram, aber der adrette Herr neben mir kommt wohl aus einem anderen Grund ins Schwitzen.*«

Nackte Weiblichkeit mitten in der Stadt wird also in der Regel toleriert. Insbesondere wenn gut ausgebaute Kurven von einem Kamerateam begleitet werden. Nackte Männlichkeit ohne solchen Begleitschutz hingegen wird häufig unter »verwirrt« eingestuft und in die Psychiatrie eingewiesen. So geschehen bei Steve Gough. Für Peter Niehenke hatte man solche Maßnahmen durchaus auch erwogen, dies dann aber möglicherweise in Anbetracht seines Doktortitels unterlassen.

Wussten Sie schon, dass männlicher Exhibitionismus strafbar ist, weiblicher jedoch nicht?

Der »Frankfurter Nacktläufer« Jörg hat von den Frankfurter Behörden indessen einen »Freifahrtschein« ausgestellt bekommen, er darf mit Tolerierung der Polizei überall nackt herumlaufen. Die Nachbarn nehmen ihn kaum noch oder vielleicht mitleidig lächelnd zur Kenntnis. Man kennt ihn, jeder hat ihn für sich in eine gedankliche Schublade getan, und nur die Touristen staunen noch, wenn er nackt einkaufen oder spazieren geht. Er ist zum Gegenstand karnevalistischer Büttenreden geworden und es werden T-shirts mit seinem nackten Corpus vermarktet. Aber sein Bier trinken darf er nicht nackt, da versteht der Wirt keinen Spaß, denn was sollen die anderen Gäste denken?!

## 7.5.
## Barcelona nackt – nackte Vorreiter im Galopp

Blicken wir zum Schluss unserer Berichte nach Südwesten, zu dem in Hinblick auf Nacktsein fortschrittlichsten Land Europas. Spanien galt Jahrzehnte als Hochburg eines katholischen Puritanismus, und unter Franco waren noch einteilige Badeanzüge für Frauen vorgeschrieben. Inzwischen gibt es in Spanien kaum einen Strand, an dem nicht auch nackt gebadet werden kann. Auch in den Städten hat man kaum noch Angst vor den Nackten. So folgten z.B. Anfang Juni 2003 siebentausend Menschen einem Aufruf des New Yorker Künstlers und Fotografen Spencer Tunick nach Barcelona und ließen dort im Namen der Kunst und auch in ihrem eigenen Namen alle Hüllen fallen. Ähnliche Performanceaktionen und Happenings hatte Tunick bereits in Melbourne und im katholischen Chile veranstaltet. Die Stadt Barcelona unterstützte diese Aktion mit einhunderttausend Euro. Ein von der Harold Tribune befragter Teilnehmer bezeichnete die geballte Nacktheit inmitten einer Großstadt als eine »lebensverändernde Erfahrung«. Auch in anderen spanischen Städten entledigen sich immer mehr Menschen ihrer Kleidung. So demonstrierten zum Beispiel in Pamplona Nackte gegen Stierkämpfe. Wir wollen *»keine besonders gekennzeichneten Stellen, wo wir nackt sein dürfen, sondern wir wollen über-*all nackt sein«, so die Forderung von zwei spanischen Naturisten- und Nudistenverbänden, ADDAN und ALETEIA, die ihre Vorstellungen dem Bürgermeister der Stadt Barcelona erläuterten. Und man hat auf die Mentoren des urbanen

Nudismus gehört. »Die Bürger von Barcelona sollen das Recht haben, sich selbst zu verwirklichen.«

Mit Unterstützung der Stadtverwaltung von Barcelona wurde im Spätsommer 2004 ein Faltblatt veröffentlicht, in dem das Recht der Bürger, nackt durch die Straßen zu gehen, anerkannt wird.

Das Faltblatt trägt den Titel »Sich durch Nacktheit ausdrücken, das individuelle Recht zur freien Kleidungswahl« und ist mit den Siegeln der Stadtverwaltung sowie des Amtes für Frauen und Bürgerrecht versehen. Es wurden 2.000 Exemplare gedruckt. Auf dem Titelblatt ist ein Foto von zwei nackten Frauen auf den Treppen des Brunnens von Montjuic zu sehen.

Der Text des Faltblatts, das von denen, die die Idee vorantreiben, als Pioniertat bezeichnet wird, erinnert u.a. an die Tatsache, dass das gültige katalanische Strafgesetzbuch kein Gesetz kennt, das die öffentliche Nacktheit verbietet.

Bereits auf der IRI-KONFERENZ vom 19. September 2002 im Europäischen Parlament in Belgien wurde von Jacint Ribas ein Dokument zum Grundrecht auf Nacktheit im neuen Europa mit folgendem Text vorgelegt:

Die »Vereinigung für die Verteidigung des Rechtes auf Nacktheit (ADDAN)« hält es von grundlegen-

»Es gibt nur eine Unanständigkeit des Nackten – das Nackte unanständig zu finden.«
Peter Altenberg

der Bedeutung, dass die neue Verfassung der Europäischen Union an die heutigen Gegebenheiten in einer pluralistischen und progressiven Gesellschaft der Völker Europas angepasst wird. Sie muss eine schrittweise Anpassung an die Veränderungen ermöglichen, die für die kommenden Jahre zu erwarten sind. Dabei gilt es, bornierte und reaktionäre Denkweisen zu überwinden, die in den Verfassungen einiger Länder zum Teil noch vorhanden sind.

Die neue Verfassung muss von allen anerkannt werden und sich auf die Grundrechte stützen. Sie muss modern sein, ein Vorbild für die Länder, die sich in der Phase der Demokratisierung befinden. Es muss eine dynamische Verfassung sein, die im Hinblick auf die Grundrechte regelmäßig an die rasche Entwicklung der Sitten und Gebräuche und die sich dadurch wandelnden Bedürfnisse der europäischen Bürger angepasst werden kann.

Lebensweisen, die vor wenigen Jahren noch verschwiegen und bestraft wurden, weil sie gegen die Moralvorstellungen verstießen, werden heute akzeptiert und finden Beachtung. Ich nenne zwei Beispiele: Homosexualität und Nacktheit in der Öffentlichkeit.

In Spanien ist es bereits seit geraumer Zeit nicht mehr verboten, sich nackt in der Öffentlichkeit zu

## Barcelona, ciutat de drets civils

Barcelona és una ciutat compromesa amb els drets civils de la ciutadania i aposta per la lliure expressió dels drets recollits en la Carta de salvaguarda dels drets humans a la ciutat, però també exigeix a la ciutadania el deure de la solidaritat i el compromís per una convivència millor.

**Sabies que...**
a Barcelona el 8 de juny de 2003 es varen despullar prop de 7.000 persones i que es va aconseguir el rècord de persones nues, per sobre d'altres capitals: Melbourne (4.500 participants), São Paulo (1.200) i Santiago de Xile (4.000).

### Associacions que defe[nsen] el dret a expressar-se

**ADDAN**
addan@addan.com
Tel. 626 553 747
www.addan.com

**ALETEIA**
aleteia@addan.com
Tel. 625 184 631

**Amb el suport de:**

Ajuntament de Barcelona
Re[g]idoria de Dona i Drets Civils

## Barcelona, civisme, educació i convivència

Barcelona és una ciutat compromesa amb el civisme i per això l'educació, tant formal com informal, és la base indispensable per a la transmissió d'uns valors de civilitat, diversitat, tolerància i respecte mutu a les generacions més joves. El Consistori municipal impulsa en les seves actuacions el respecte i el diàleg per tal d'esdevenir un model de convivència.

## Barcelona, socie[tat] i associació

Barcelona reconeix, enforteix i [dóna suport a] totes aquelles iniciatives ciuta[danes] –des de l'associacionisme org[anitzat] fins a l'acció voluntària indivi[dual]– que puguin millorar l'exercici d[e drets] però també la convivència ciu[tadana].

**Sabies que...**
el Codi penal no conté cap article que sancioni la nuditat pública.

# Expressar-se en nuesa
## El dret individual a la indumentària lliure

## Barcelona, nous reptes i nous drets

En el marc d'aquest respecte difonem els nous drets i els nous reptes de la ciutat i la seva gent. Per això expressem la voluntat de respectar el dret de la ciutadania al nuditisme i a viure amb els induments que lliurement vulgui utilitzar o en qualsevol grau de nuesa, si aquesta és la seva voluntat o necessitat.

### Sabies que...
el Parlament de Catalunya reconeix que tots els ciutadans i ciutadanes tenen els mateixos drets i llibertats. Ara bé, cada persona pot desenvolupar-los fins al punt que no col·lisionin amb els drets i llibertats dels altres, la qual cosa condiciona el seu exercici a la tolerància i al respecte mutus.

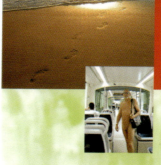

### Sabies que...
el Parlament de Catalunya constata la necessitat que les administracions competents adoptin les iniciatives i mesures necessàries per suprimir els obstacles que impedeixin l'exercici de la nuesa.

# Sich durch Nacktsein ausdrücken

Das individuelle Recht zur freien Kleidungswahl

## Bürgersinn, Erziehung, Ausbildung und Zusammenleben

Barcelona ist eine Stadt, die dem Bürgersinn verpflichtet ist, und deshalb ist die formelle sowie die informelle Bildung die unverzichtbare Basis für die Vermittlung einiger Werte der Zivilisation, Vielfalt, Toleranz und gegenseitiger Respekt der Generationen. Die Stadtverwaltung treibt in ihren Aktionen den Dialog voran, um eine Modellstadt des Zusammenlebens zu werden.

*Wusstest du ... dass das Strafgesetzbuch keine Bestimmung enthält, die öffentliches Nacktsein unter Strafe stellt?*

## Barcelona, Gesellschaft und Zusammenschluss

Barcelona anerkennt, stärkt und verbreitet all solche Bürgerinitiativen – von organisierten Vereinigungen bis zu freiwilligen Einzelaktionen – die die Ausübung von Rechten, aber auch das bürgerliche Zusammenleben verbessern können.

*Wusstest du ... dass das katalanische Parlament anerkennt, dass alle Bürger und Bürgerinnen die gleichen Rechte und Freiheiten haben, jedoch jede Person sich verwirklichen kann, solange sie nicht mit den Rechten und Freiheiten der Anderen kollidiert, vorausgesetzt ihre Ausübung sind dem Geist der Toleranz und dem gegenseitigen Respekt verpflichtet?*

## Barcelona, neue Herausforderungen und neue Rechte

Im Rahmen dieses Respektes geben wir die neuen Rechte und die neuen Herausforderungen der Stadt und ihrer Bewohner bekannt. Dehalb drücken wir den Willen aus, das Recht der Bürgerschaft auf den Nudismus zu respektieren, das Recht auf jede beliebige Art von Kleidung oder jeden beliebigen Grad der Nacktheit, soweit es jemand wünscht oder für notwendig erachtet.

*Wusstest du ... dass das katalanische Parlament die Notwendigkeit feststellt, dass die zuständigen Verwaltungen sich diese Initiative zu eigen machen und Maßnahmen ergreifen, um Hinderungsgründe aus dem Weg zu schaffen, die die Ausübung des Nacktseins behindern?*

## Barcelona, die Stadt der Bürgerrechte

Barcelona ist eine Stadt, die sich den Bürgerrechten der Bewohner verpflichtet fühlt und sich für die freie Ausdrucksmöglichkeit der Menschenrechte in der Stadt einsetzt, die aber auch von der Bürgerschaft die Pflicht zur Solidarität und zum Kompromiss für ein besseres Zusammenleben erwartet.

*Wusstest du ... dass sich in Barcelona am 8. Juni 2003 ungefähr 7000 Personen nackt auszogen und damit ein neuer Rekord an nackten Personen aufgestellt wurde im Vergleich zu anderen Hauptstädten: Melbourne (4500 Teilnehmer), Sao Paulo (1200) und Santiago de Chile (4000)?*

zeigen. Das Parlament von Katalonien hat dies in zwei Entschließungen anerkannt. Aber da es an Informationen mangelt und Ängste bestehen, können manche Behörden dennoch weiterhin Zwangsmaßnahmen anwenden, um zu verhindern, dass wir Bürger unser Recht ausüben, nackt zu leben.

Für unsere Vereinigung ist es höchst wichtig, dass der Wunsch, nackt zu leben, als Grundrecht anerkannt wird, denn es geht hierbei um das Recht auf das eigene Bild. Dies ist die einzige Möglichkeit, dass die Behörden die Grundrechte achten.

Ich habe die Hoffnung, in naher Zukunft nackt und frei leben zu können, wann ich es will. Mein Recht auf Nacktheit wird das der anderen sein.

Denken wir jedoch nicht nur an die Gegenwart. Entwerfen und erarbeiten wir eine zukunftsweisende Verfassung, die so dynamisch und offen ist, dass sie den Aspekten und Bedürfnissen des Lebens, die wir heute noch nicht kennen, die aber mit Sicherheit auftauchen werden, Rechnung tragen kann.

Denken wir an die, die heute geboren werden, und konzipieren wir eine neue Verfassung, die nötigenfalls eine Anpassung der Grundrechte zulässt. Wir sollten uns damit beeilen, damit diejenigen, die sich als anders empfinden, ihre Ängste nicht verschweigen und sich für ihr Anderssein nicht schämen müssen

oder deswegen angegriffen werden.

Inwieweit spanische BürgerInnen von ihrem neuen Recht Gebrauch machen werden, bleibt abzuwarten.

Vielleicht kann die in Spanien sich anbahnende Entwicklung beispielhaft sein für die Rechtsprechung und Gesetzgebung in anderen Ländern Europas und ein neuer Schritt getan werden in Richtung einer Entkriminalisierung einer harmlosen Minderheit.

# Warum nackt?

Wir haben in diesem Buch das ausgefallene Hobby bzw. die ernstzunehmende Lebenseinstellung einer kleinen Minderheit vorgestellt.

Manche werden vielleicht fragen: Haben solche Menschen denn nichts besseres zu tun angesichts der weltweiten Probleme von Krieg, Arbeitslosigkeit, Hunger und Umweltverschmutzung? Sollten wir uns lieber nicht alle dick einmummen und uns vor der Sonne schützen, die uns durch das Ozonloch hindurch verbrennt?

Wir haben darzustellen versucht, welche Gründe die Nackten motivieren, sich ihrer Kleidung zu entledigen, und welch tiefe innere Sehnsucht in vielen Menschen liegt, sich von etwas zu befreien, was vielleicht viel tiefer geht als nur eine äußere Hülle aus Baumwolle und Polyester. Wir erinnern hier an den schon eingangs zitierten Egon Friedell: *»Der Mensch hat einen tief eingeborenen Hang, sich ... aufzudecken, nackt zu zeigen«.* Vielleicht in einer Welt des schönen Scheins und der Äußerlichkeit der Wunsch, sich so zu zeigen, wie man wirklich ist.

Der Volksmund und die großen Dichter und Denker haben Nacktsein immer mit Wahrheit und dem Göttlichen in Verbindung gebracht, was wir durch die vielen in diesem

Buch eingestreuten Zitate und Aphorismen zum Ausdruck bringen wollten.

Vielleicht würden sich viele der oben genannten weltweiten Probleme von ganz allein lösen, wenn Menschen wieder lernen könnten, authentisch und wahrhaftig zu werden, und nichts mehr vertuschen wollten, weder ihre Körper noch ihre Handlungen noch ihre Denkweisen. Ein ungenutztes Potenzial einer fortschreitenden Wahrhaftigkeit für ein gesundes und natürliches Miteinander könnte hier frei werden.

Nacktwandern und -joggen ist gesund für den Körper, aber auch für den Geist und die Seele. Trotz Ozonloch und dem erhobenen Zeigefinger der Moralapostel und Heuchler. Beiden kann man im tiefen Wald entgehen. Manche sagen sogar, Hautkrebs komme nicht von der UV-Strahlung, sondern von der Sonnencreme. Vielleicht auch von der Angst vor Hautkrebs oder von

»Jesus sprach:
Wenn ihr eure Furcht vor der Blöße ablegt und eure Kleider nehmt, sie unter eure Füße legt wie die kleinen Kinder und sie zertretet, dann werdet ihr den Sohn des Lebendigen sehen und ihr werdet euch nicht fürchten.«

Das Evangelium nach Thomas
Vers 37

der Angst vor Moralaposteln und Heuchlern. Angst essen Seele auf. Und Haut!

Suleiman Musa Rahhal, Häuptlingssohn der Nuba aus dem Sudan, später Arzt und Virologe in London, berichtet von der Sudanisierung und Islamisierung der Nuba-Stämme durch die sudanesische Regierung in den 80er Jahren. Als der Gouverneur des nördlichen Kordofan zu den immer noch nackt lebenden Nuba kam, flohen sie vor ihm und seiner Gefolgschaft. Warum? Weil sie ihn für einen kranken Menschen hielten. Bei den Nuba galt, dass ein angezogener Mensch krank sei und gemieden werden musste. Der Gouverneur befahl, die »widerliche und schmutzige Kultur« zu beseitigen und er verbot das Nacktsein in den Städten. An die Kleidung haben sich die Nuba bis heute nicht gewöhnt. Wenn sie in die Stadt gehen, ziehen sie sich etwas an. Wenn sie die Stadt verlassen, ziehen sie sich wieder aus. Bekleidet zu sein bedeutet für sie, etwas zu verbergen. – Und wer könnte dem widersprechen?

Lassen wir zum Schluss den Wiener Naturwissenschaftler und Wirtschaftsexperten Franz Günter Hanke zu Wort kommen, der in seinem »Aufbruch ins Paradies« dafür plädiert, dass Nacktsein gesellschaftsfähig werden sollte:

»...Und muss doch unbekleidt ins Himmelreich eingehn, weil es nichts Fremdes leidt.«
Angelus Silesius

»Der schlimmste Erbwahn der Menschheit liegt in der Besudelung des nackten Körpers und der erotischen Lust. Seine Ausmerzung wird sich als entscheidende Erlösungstat erweisen ... Wer sich nicht mehr umstellen kann, wer sein krankhaftes Schamgefühl nicht abzubauen vermag, der möge sich zumindest zu Toleranz aufraffen und die anderen nach ihrer Fasson selig werden lassen ... Jeder Mensch muss sich nackt zeigen dürfen, wo dies opportun und angenehm ist. Dies nicht nur in entlegenen Reservaten, sondern in nächster Nähe der Behausungen im Garten, auf allen Sportplätzen, in Bädern, auf Wiesen und in Wäldern ... Dabei bedarf es keiner besonderen Toleranz, dass sich Nackte und Bekleidete auch in aller Zukunft gut vertragen ...«

Vielleicht ist der Bekleidungszwang der sich als modern gerierenden Gesellschaften eine von vielen falschen Programmierungen des Menschen. Auch ohne Bekleidung können wir in diesem Dasein sicher nicht ins Paradies zurückkehren und »selig« werden. Aber ein Stück mehr Wahrheit und Mut und ein Stück weniger Stoff und Angst ist vielleicht eine Chance, nicht nur den Körper für Neues zu öffnen.

# Nackte Kontakte

*»Wir sind nackt und nennen uns Du«*, so ein Buchtitel von Adolf Koch (1934), der das griechische Wort »gymnos« = nackt wörtlich nahm und an Berliner Schulen das Nacktturnen für Kinder einführte, also eine Art Vordenker des integralen Nacktseins war. In diesem Sinne möchten wir uns zum Schluss persönlich an euch, unsere Leser - insbesondere die bisher anonymen Sympathisanten und die Nacktiven - wenden und euch um Mithilfe für unsere weiteren Buchprojekte bitten. Wir sind bei unseren Recherchearbeiten nur auf einige wenige bekennende und integrale Nackte gestoßen, die auch bereit waren, Bilder für dieses Buchprojekt bereitzustellen. Bei denjenigen möchten wir uns an dieser Stelle ausdrücklich bedanken. Für dieses Buch mussten wir daher hauptsächlich auf unser eigenes Bildarchiv, sprich Bilder von unseren eigenen Wanderungen, Radtouren und Reiterlebnissen zurückgreifen. Wir sind keine Profis, was das Bildmaterial betrifft, die Fotos sind mit einer normalen Digitalkamera aufgenommen. Es ging uns hier nicht um profimäßige Aufnahmen; im Gegenteil: Die Fotos sollen Schnappschüsse aus dem täglichen Leben von Nacktiven sein und keine von einem Fotografen erstellten künstlerischen Aufnahmen.

Die meisten Menschen möchten lieber anonym bleiben und wagen aus Rücksicht vor Schwierigkeiten im sozialen Umfeld nicht, sich zu outen. Dafür haben wir volles Verständnis, hoffen jedoch, dass dieses Buch dazu beigetragen hat, den Mut zu stärken. Insbesondere Frauen und Mädchen möchten wir ermutigen, uns Bild- und Textbeiträge von Erfahrungen mit Nacktsein im weitesten Sinne einzureichen. Auch kleine Vorkommnisse, Geschichten, Manuskripte und Anekdoten rund um das Nacktsein sind uns willkommen. Die Szene der Nacktiven wird leider hauptsächlich von Männern dominiert, die insbesondere in den einschlägigen Foren theoretisieren, analysieren und politisieren. Frauen denken da offensichtlich pragmatischer. Sie spüren intuitiv, ob und dass sie etwas gern machen oder nicht, und dann tun sie es einfach oder lassen es. Sie theoretisieren nicht gern, sie sind auch keine Vorkämpfer, aber wenn sie einmal Feuer gefangen haben, dann genießen sie es und verlieren keine Worte darüber. Es ist ihnen selbstverständlich.

Wir suchen Beiträge und Bilder unserer LeserInnen, aber keine Beiträge und Bilder von Models und Profis, kein Sex und nichts Schlüpfriges und keine Sonne-Sand-Strand-Urlaubserlebnisse. Nacktiv zu sein ist ein Lebensstil, ein Ausdruck des Körpers, der Seele und des Geistes durch sich selbst in Natur und Kultur, ein integraler Bestandteil des Lebens. Wir suchen Frauen und Männer, die sich zu diesem Lebensstil bekennen und von eigenen Erfahrungen berichten wollen. Wir machen hier auch keinen Schönheitswettbewerb, das heißt jede(r) kann mitmachen, alt oder jung, dick oder dünn.

Wir haben auch eine eigene Internetseite www.nacktiv.de, auf der ihr weitere Infos zum integralen Nacktsein findet. Wenn ihr bisher noch eher zu den passiven Sympathisanten zählt und eigene Erfahrungen erst machen wollt, dann könnt ihr euch im Internet (s.u.) informieren, wo und wann es Gelegenheiten gibt, an Aktivitäten teilzunehmen; dabei gibt es sicher auch Gelegenheiten, Schnappschüsse zu machen, die ihr uns dann vielleicht zur Verfügung stellen könnt.

Übrigens empfehlen wir den männlichen Aktivisten: nehmt eure Freundinnen oder Frauen mit, auch wenn sie nicht nackt sein wollen. Nackte Männer allein in der Öffentlichkeit werden häufig als Exhibitionisten einsortiert, wenn eine Frau dabei ist, kommt keiner auf diese Idee.

Für Aktivitäten im Schutz einer Gruppe oder für weitere Infos empfehlen wir:

www.waldfkk.de
www.nackt-reiten.de
www.fkk-reiten.de
www.natuerlich-nackt.de
www.nacktradeln.de
www.nacktwandern.de
www.nacktjoggen.de
www.fkk-freun.de
www.addan.com
www.worldnakedbikeride.org
www.bodyfreedom.org

Hinweise auf weitere ähnliche Seiten, Aktivitäten und Projekte nehmen wir gern entgegen.

*Die Ampel steht auf grün!*

Wir danken allen Nacktiven, die uns Bilder, Beiträge und
Abdruckrechte zur Verfügung gestellt haben.
Unser Dank gilt insbesondere

John Cornicello, Aurora Danai, Victoria Davis, Andrew Dixon,
Klaus Hartmann, Dr. Karl Lindemann, Marc Martin,
Rainer Nackich, Dr. Peter Niehenke, Dr. Klaudia Odreitz,
Anita Pantus, Dr. Kerstin Steinbach, Michael Zauels,

Andreas, Babs, Christian, Dirk, Hans, Horst, Ingo,
Jürgen, Julie, Katharina, Kiste, Martina, Michael,
Michael Regenmacher, Rainer, Ralph, Sandra,
Siggi, Thomas, Ulla, Werner,

der Internationalen FKK-Bibliothek
unter der Leitung von Jörg Damm,
Dr. Schöller vom Ahriman Verlag,
Jan Vels von nude-in-public.com,
den spanischen Vereinigungen, die das Recht
wahrnehmen, sich durch Nacktsein auszudrücken:
ADDAN und ALETEIA

Bildnachweis

©Addan, S. 160, 162/163, 165 • ©Ahriman, S. 154, 156 • ©Ralph Conway, S. 116, 117, 120, 121, www.ralph-conway.de • ©John Cornicello, Seattle, www.pbase.com, S. 114 b • ©Aurora Danai, Chicago, www.muralivegot.com, S. 113 a • ©Victoria Davis, Newzealand, S. 112 • ©Andrew Dixon, Newzealand, S. 113 b, 114 a, 115 b • ©Ingo S., S. 111 ©Andreas G., S. 29 • ©Klaus Hartmann, S. 21, 22, 24, 28, 37, 38, 39, 70 • ©Julie & Werner, S. 63, 75, 82, 87, 88, 146, 148, 174/175 • ©Kiste, S. 150, 151, 152 a, b, c • ©Marc Martin, Seattle, www.ufoseries.com, S. 115 a • ©mYm, edition integral nacktiv, S. 1, 2, 3, 8, 10, 14, 17, 18, 20, 30, 32, 33, 34, 47, 50, 51, 53, 54, 55, 57, 58, 59, 60, 62, 64, 65, 66, 67, 69, 71, 72, 73, 74, 76, 77, 78, 79, 80, 83, 84, 85, 89, 90, 91, 94, 96, 97, 98, 100, 101, 102, 103, 104, 109, 110 a, 124, 125, 127, 130, 131, 132, 133, 136, 137, 139, 145, 166, 167, 169 • ©Rainer Nackich, S. 107, 108 • nakedwalk.org, S. 68 • ©Peter Niehenke, S. 11, 12, 13, 26, 27, 40, 42, 43, 45, 149 • ©Nude in Public.com, S. 159 • ©Hans P., S. 92, 110 b • ©Anita Pantus, S. 118/119, 123 • ©Michael S., S. 49 • ©Christian S., S. 52 • ©Michael Zauels, S. 86, 128, 134/135, 138, 140, 141

Für Buchbesprechungen in Zeitungen, Zeitschriften, Magazinen, im Internet usw. stellen wir nach Absprache hochauflösende Dateien zur Verfügung.

*Bücher über ursprüngliche Lebensgestaltung jenseits der Gleichförmigkeit mit dieser Welt*

Von seinen Klamotten kann man sich losreißen, von unseren Büchern nicht.

Aus unserer
edition anker larsen:

Anker Larsen:
DER KANDIDAT
2 Novellen, 80 S.,
7 Euro,
ISBN 3-937502-02-5
»Sich losreißen von der Masse, sich freimachen von den Gewalten, von denen sie getrieben wird, darum geht es. Aber es verlangt und kostet Kräfte.«

Anker Larsen:
DER STEIN DER WEISEN
Roman, 2 Bde,
679 S., 24 Euro
Literaturpreis, übersetzt in 11 Sprachen,
ISBN 3-9800929-9-2
»Jetzt habe ich gesehen, welche Macht in der Unschuld liegt.«

Anker Larsen:
OLSENS TORHEIT
Roman, 679 S.,
21 Euro
ISBN 3-9800929-1-7
»Genialität ist die Fähigkeit, die eigene Ursprünglichkeit zu gebrauchen.«

Anker Larsen:
MARTHA & MARIA
Roman 448 S.,
19 Euro,
ISBN 3-9800929-4-1
»Es gehört Mut dazu, nichts anderes anzuhaben, als was wir selbst sind.«